ଆହା

# ଆହା

ସଂଜିତ୍ କୁମାର ବଳ

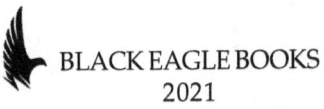

BLACK EAGLE BOOKS
2021

BLACK EAGLE BOOKS

USA address:
7464 Wisdom Lane
Dublin, OH 43016

India address:
E/312, Trident Galaxy, Kalinga Nagar,
Bhubaneswar-751003, Odisha, India

E-mail: info@blackeaglebooks.org
Website: www.blackeaglebooks.org

First International Edition Published by
BLACK EAGLE BOOKS, 2021

**Aaha**
by **Sanjit Kumar Bal**

Copyright © **Sanjit Kumar Bal**

All rights reserved. No part of this publication may be reproduced, stored in a retrieval system, or transmitted, in any form or by any means, electronic, mechanical, photocopying, recording or otherwise without the prior permission of the publisher.

Cover & Interior Design: Ezy's Publication

ISBN- 978-1-64560-217-0 (Paperback)

Printed in the United States of America

ପ୍ରତିଟି କବିତାର
ଆଶୀର୍ବାଦକୁ....

# ଆହା : କବିତା

କବିତାର ଉଦେ ହେବା ମୁହୂର୍ତ୍ତ
ଦପ୍‌କିନା ଲିଭିଯାଉଥିବା ଆଲୁଅର କ୍ଷଣିକ ଛାଇ ପରି।
ଗୋଟେ ଦୃଶ୍ୟରୁ ଛିଟ୍‌କି ପଡୁଥିବା ଛିଟାରୁ
କିଛି ଧରି ରଖିବାକୁ ସକ୍ଷମ ସେହିସବୁ ମୁହୂର୍ତ୍ତ
ଯା ଭିତରେ ଥାଏ ଢଳଢଳ ନୀରବତା।
ଶବ୍ଦଙ୍କ ସରଳତା ଓ ଆମେ ଜଟିଳ ହେବା କି ନହେବାର ଦ୍ୱନ୍ଦ୍ୱ
ସମାନ୍ତରାଳରେ ଗତି କରୁଥିବା ବେଳେ ତା ଭିତର ଶୂନ୍ୟତାରେ
ନଈ ପରି ବୋହି ଚାଲିଥାଏ କବିତା।
ସେ ନଈର କୁନିକୁନି ତରଂଗ ସବୁ ଆଲୁଅ ସହ ଖେଳିଖେଳି
ନିରୀକ୍ଷଣ କରିବାରେ ଲାଗିଥାଂତି
ପବନର କାନି ତଳେ ଢାଂକି ହେଇଥିବା ଅସ୍ପଷ୍ଟ ଶବ୍ଦସବୁର କେତେ ସାମର୍ଥ୍ୟ।
ସେ ଶବ୍ଦସବୁ କୂଳରୁ ମୁଠାମୁଠା ବାଲି ନେଇ ଫେରିବା ବେଳେ
ସେମାନଙ୍କ ପାଦଚିହ୍ନରେ ଯାହା ଫୁଟି ଦିଶେ ତା କ'ଣ କବିତା!

ବେଳେବେଳେ ନିଜକୁ ନିଜ ଭିତରକୁ ନେଇ
ଦୀର୍ଘଶ୍ୱାସରେ ଆଉଟି ଦେବା ବେଳେ
ସାମ୍ନାରେ ଅନେକ ରାସ୍ତାର ଆଖି ଫିଟିଯାଏ।
ସେ ଆଖି ଭିତରର ଯଥେଷ୍ଟ ଗଭୀରତାରେ ଦୃଷ୍ଟିକୁ ପହଞ୍ଚାଇବା ପରେ
ଗୋଟେ ନିକାଂଚନ ଦ୍ୱାର ପାଖେ ପହଂଚିଯିବାକୁ ହୋଇଥାଏ।
ସେଠୁ ନିରୀକ୍ଷଣ କଲେ ଭିତରର ଛାଇ ଆଲୁଅରେ
ଯେଉଁ ପ୍ରତିରୂପ ପ୍ରକଟ ହୁଏ ତା ନିଜର ନା କବିତାର!

କବିତାର ସ୍ଥିତିକୁ ଜାହିର କରୁକରୁ
କବିତା ପାଲଟିଯିବାକୁ ହୋଇଥାଏ ନା
ନିଜ ସ୍ଥିତି ଯେ ଅସ୍ଥିର ତାର ପ୍ରମାଣ ହେବାକୁ
ନିର୍ଜ୍ଜନତାର ଦ୍ୱାର ଦେଇ ବାହାରି ଆସିଥାଏ କବିତା ଓ
ଆଲୁଅର ଆଲିଂଗନରେ ଆବଦ୍ଧ ହୋଇ ରହିଯାଏ କବିର ସତ୍ତାରେ।

ଜୀବନ ପରି ଅନେକ କିଛି ଅମୀମାଂସିତ।
ସବୁ ଦୃଶ୍ୟ, ଦୃଶ୍ୟ ଭିତରର ଦୃଶ୍ୟର କାତରତାକୁ
ପାରି କରିଦିଏ ଆଖି ଆହ୍ଲୁଲା।
କାହାପାଇଁ ସାଇତା ଥିବା ଦୁଃଖ, କାହା ପାଖରେ ଅଜାଡ଼ି ଦେବାକୁ
ରୁଗ୍‌ରୁଗ୍ ହେଉଥିବା ଯଂତ୍ରଣା ଓ କାହା ପାଖରେ
ସମର୍ପିତ ହେବାକୁ ଲୁହପରି ଢଳଢଳ ସ୍ୱପ୍ନସବୁ
କେତେବେଳେ ଉଭାନ ହୋଇଯାଂତି ଜାଣିହୁଏନା।

ତା ଭିତରେ ଜୀବନ କେତେବେଳେ ସରଳରୈଖିକ ତ କେବେ ବକ୍ରରୈଖିକ।
ଜୀବନ ସହ ଛଂଦି ହୋଇ ଚାଲିଥାଏ କବିତା ଶୁଣାଯାଉନଥିବା ଶବ୍ଦଙ୍କ ପିଠିରେ
ସବୁ ଆଲୋଚନା, ସମାଲୋଚନାକୁ ଫୁ କରି ନିଜ ଜୀବନର ଶୈଳୀ
ବାଛିନିଏ ସାମର୍ଥ୍ୟକୁ ଅଂଗୀକାର କରି।
ପଛକୁ ଫେରି ଚାହିଁଲେ ହସହସ କବିତାର ମୁହଁ ତ
ବିଫଳତାର ଗୁଡ଼ାଏ ରେଖାଚିତ୍ର କବିର କପାଳରେ।
ଜୀବନର ପାତ୍ର ଭରୁଭରୁ ଅପୂର୍ଣ୍ଣ ରହିଯାଏ
ଅଦୃଶ୍ୟ ବାଲିକଣାର ଷଡ଼ଯଂତ୍ରରେ।
କବିତାର କଢ଼ି ଧରୁଧରୁ କେବେ ଝରିପଡ଼େ ତ
କେବେ ପାଖୁଡ଼ା ମେଲେ ନଝରିବା ଦମ୍ଭରେ।
ଆଲୁଅ, ପାଣି, ପବନର ଆଶୀର୍ବାଦରେ
ନା କବିର ଦାୟରେ!

- ସଂଜିତ୍ କୁମାର ବଳ

# କବିତା କ୍ରମ

| | |
|---|---|
| ହସ | ୧୧ |
| ମାଟି ଘଂଟି | ୧୪ |
| ସହଯାତ୍ରୀ | ୧୭ |
| ନିଶବ୍ଦ | ୨୦ |
| ମାୟାଧୂଳି | ୨୧ |
| ଗପ ଗଛ | ୨୪ |
| ଶିଉଳି | ୨୭ |
| ଜନ୍ମଦିନ | ୩୦ |
| ସ୍ତ୍ରୀଲୋକ | ୩୩ |
| କେତେଥର | ୩୫ |
| ସ୍ମୃତି | ୩୬ |
| ସାଦା ଦୁଃଖ | ୩୯ |
| ସ୍ୱପ୍ନଟିଏ | ୪୨ |
| ପୁଅ | ୪୩ |
| ମୁଠେ ଆଲୁଅ | ୪୬ |
| ମରୀଚିକା | ୪୯ |
| କେଉଁଠିକି ଯାଏ ମୁଁ | ୫୧ |
| ଚିତ୍ର ମାଟି | ୫୨ |
| ରାଗ ସୁଦର୍ଶନ | ୫୫ |
| ଅଭୀଷ୍ଟ | ୫୭ |
| ସନା ସାମଲ | ୫୯ |
| କାଶ୍ମୀର | ୬୨ |
| ତୁମ ସହ ଦିନେ | ୬୫ |
| ନବାନ୍ନ | ୬୬ |
| କଂକି | ୬୯ |
| ଦୁଃଖବୀମା | ୭୧ |
| ଆଜି ସଂଜରେ | ୭୪ |
| ଜହ୍ନ ରାତିର ଗୀତ | ୭୬ |
| ମୂର୍ତ୍ତି | ୭୭ |
| ବାସ୍ନା | ୮୦ |
| ଦର୍ପଣ | ୮୩ |
| ଲୁହ | ୮୬ |

# ହସ

ମୋର ଏ ଯୋଉ
ହସ ଦେଖୁଚ
ଜାଣିଚନା,ତା ମୁଁ
ଋଣ କରିଚି,
କାଲି କିଂବା ପଅରଦିନର
ସକାଳ ପାଖରେ
ମୃତ୍ୟୁକୁ ବଂଧକ ରଖି
ଋଣ ଶୁଝିଦେବି,ଭାବିଚି ।

ଏ ହସ ପାଇଁ
ମୋ ଶତ୍ରୁମାନେ
କେବେଠୁଁ ବିକିଦେଲେଣି
ସେମାନଙ୍କ ପାରଂପରିକ ହସ,
ମୋତେ ଭଲପାଇ ପାରୁନଥିବା
ବଂଧୁମାନଂକ ଡାଳରେ
ଫୁଲ ନାଇଁ,
ଝୁଲୁଚି କେବଳ ଡେଂଫ ।

ପୈତୃକ ହସ
ଭଲ ଅମଳ ଦେଲାନି
ମୁଁ ଯୋଗାଇ ପାରିଲିନି

ସାର,କୀଟନାଶକ।
ହାତ ସଶକ୍ତ ହେବାବେଳର ହସ
ବେଶି ଦିନ ଉଧେଇଲାନି
ଚରିଗଲେ ପଡୋଶୀ ପୋକ।

ବହୁ କଷ୍ଟରେ ସଂଚିଥିଲି
ହସର ବିହନ ମୁଠାକ,
ମାଟି କହିଲା, 'ମୁଁ
ଲୁହ ଫଳାଏ ବେଶି ଭାଗ
ତୁମ ବିହନରୁ ଯଦିବା ହସ ଫଳେ
ଅମଳ କରିପାରିବ, ଭାବୁଚ' ?

ମୋର ଆଉ ଚାରା ନଥିଲା
କାଂଦୁରା ହେଇ ବୁଲିବା ବ୍ୟତୀତ
ଆ ତା ହସ ଦେଖି
ଲେଖିବାକୁ ଭାବିବା
'ସ୍ମୃତିରେ ହସ'।

ସତରେ କେତେ କାମିକା ଥିଲା
ମୋ ହସ ଟିକକ,
ନିଆଁରେ ଫୁଲ ଫୁଟାଇ
ଚହଟେଇ ପାରୁଥିଲା ସୁବାସ
ଅତରଛିଆ ଧାଇଁ ପଳାଉଥିବା
ଖରାର ଶୋଷକୁ
ଦେଖେଇ ପାରୁଥିଲା
ମାଣିକପାଟଣା ଛକ।

ମୋଠୁ ହଜିଗଲା ବୋଲି
ତୁମେ ଯେ ଦିନେ ହରାଇବ

ସେମିତି କାଇଁ ଭାବୁଚ !
ଯଦିବା ହଜିଯାଏ
ଦୁଃଖ କରିବନି
ମୁକୁଳାଇ ଆଣିବ
କେବଳ ମୋ ମୃତ୍ୟୁକୁ
ଯାହା ଥିବ
ହସ ବଦଳରେ ବଂଧକ ।

■

# ମାଟି ଘଣ୍ଟି

କାହାର ଏ ଶସ୍ୟ ମୁଠାକ,
ଅର୍ଜି ଲେଖୁଥିବା ମାଟିର
ନା ଅର୍ଜିକୁ ଦଲିଲ କରୁଥିବା ଶବ୍ଦର ?

ପାଣି ଓ ପବନର ବିବାଦରେ
ମୋ ଶବ୍ଦଙ୍କ ଗଳାରେ ଦରଜ,
ଖରା ଓ ଛାଇର ସନ୍ଧିରେ
ମାଛଆଖି ମୋ ମାଟିର ପାଦ,
ଶୂନ୍ୟାଶ୍ରୟୀ ମୋ କଳ୍ପନା
କେମିତି ଭେଦି ପାରିବ
କିଏ ବଜାଏ ଡମ୍ବରୁ, ମେଘ ନା ଆକାଶ !

ଭାବିଲି, ପାଇ ବଦଳାଉଥିଲେ ବି
ପାଦା ଛୁଇଁବା ଯାଏ
ରାହା ଥାଏ ଋତୁମାନଙ୍କର,
ସେମାନେ ହୁଏତ କହିପାରିବେ
ଶବ୍ଦରୁ ଛୁଟି ଆସୁଥିବା ତୀର
ହରିଣ କାନର ନା ଶିଆଳିଲଟାର !

ବୁଢ଼ା ହେଇ ମାଟି ଅଣ୍ଡାଳୁଥିଲା ଗ୍ରୀଷ୍ମ,
ଓଲଟାଉଥିଲା ଖରାରେ ଶୁଖାଇଥିବା

ଦୁଃଖର ଦ୍ୱାଦଶ ତିଥି,
କହିଲା, 'ମୁଁ ବି ବୁଝି ପାରେନା
ମାଟିର ତାଲା ଖୋଲିବାକୁ
କାହିଁକି ଲୋଡ଼ା ପଡ଼େ
ଶବ୍ଦର ଚାବିକାଠି।'

ବର୍ଷା ଘୂରି ବୁଲୁଥିଲା ବୁଲୁଚି ବୋଲି
ଜାଣି ନପାରିବା ଭ୍ରମରେ
କହିଲା, 'ଜାଣିଛ ଲୁହ ସହ ବି
ବେଳେବେଳେ ଖସି ପଡ଼େ କୁଆପଥର,
କେମିତି କହିବି ଇନ୍ଦ୍ରଧନୁ ମୋର ନା ଆଲୁଅର।'

ଏତେ ନିର୍ମଳ ଶରତ ଯେ
ସବୁବେଳେ ଅନ୍ତର୍ମୁଖୀ,
କହିଲା, 'ଶବ୍ଦ ହେଉଛି ମାଟିର ରଂଗ
ତେଣୁ ତ ମୋ ଆକାଶ ପାଇଁ
ଯେତେ ବେଶୀ ନୀଳରଂଗ ଲୋଡ଼ା
ଭାବନାରୁ ମୁଁ ଆମଦାନି କରୁଛି।'

ଯେତେ ସ୍ୱଚ୍ଛ ହେଉ ପଛେ ଜଳକଣା
ହେମନ୍ତର ସଦାକାଳେ ମନଊଣା,
କହିଲା, 'ଯେହେତୁ ମାଟି ମୋ ତପସ୍ୟା
ସଭିଙ୍କୁ ଶୁଣାଇଥାଏ କୁହୁଡ଼ିର ଭାଷା
ଯିଏ ଯେମିତି ବୁଝେ ତାକୁ
ସେମିତି ମିଳିଥାଏ ଆଶା ଓ ନିରାଶା।'

କେବେବି ଭେଟିନଥିବା ଶବ୍ଦ ସୁଖ ପାଇଁ
ଉଜାଗର ଥିଲା ଶୀତରାତି
ମାଟିର ଚିତ୍ରିତ ଉଷ୍ମତା ଢାଙ୍କି ରଖିଥିଲା

ଶୀତର ଅଲିଖିତ ପାଣ୍ଡୁଲିପି,
କହିଲା, 'ମୁଁ ଯାହା ଭାବେ କହି ପାରୁଥିଲେ
କ'ଣ ସମକୋଣୀୟ ହୋଇ ନଥାନ୍ତା
ମୋ ଜୀବନ ଜ୍ୟାମିତି !'

ସମୟକୁ ବେଶୀ ଭାଗ
ଭାବନାରେ ରଖୁଥିବା ବସନ୍ତ କହିଲା,
'ଶବ୍ଦସବୁ ମାଟିର କାଳି
ସରିବା ମାତ୍ରକେ ଭରିଯାନ୍ତି
ସ୍ୱପ୍ନଙ୍କ କୁଅକୁ ଉଝାଳି ।'

ଭାବିଲି, ଫୁଲ ଆଲୁଅର,
ପବନର କେଶର, ଫୁଲ ଓଠର
ଟୋପାଟୋପା ମହୁ ପାଣିର,
ଜୀବ ସଂଚାର କରେ ମାଟି ତ
ଶବ୍ଦ ଜୀବରେ ଭରିଥାଏ ଜୀବନ,
ତେବେ ଶସ୍ୟ ମୁଠାକ କାହାର ?

ଜାଣିପାରନ୍ତି ଯେ
ମାଟି ଘଣ୍ଟି ବାଜିବା ବେଳେ
ଯଦି ଠନ୍ କରି ପହଡ଼ ପଡୁନଥାନ୍ତା ଶବ୍ଦର ।

■

# ସହଯାତ୍ରୀ

କିଛି କହିବା ଆଗରୁ
ସେ ସବୁ ବୁଝିପାରେ,
ହେଲେ ମୁଁ ବୁଝିପାରେନା
କେମିତି ପୁଣି ପାଲଟିଯାଏ କଢ଼ି
ତା'ର ସେଇସବୁ ଦୁଃଖ
ଥରେ ଫୁଟି ମଉଳିବା ପରେ।

ଥରଟେ ଠିଆ ହେବାକୁ କହିଲି
ଶୁଣାଯାଉ ନଥିବା
ଶବ୍ଦଙ୍କ ସାମ୍ନାରେ,
କହିଲି, ଖୋଜିବାକୁ ପାଣିର ଦାଗ
ଓଳି ତଳ ବର୍ଷାଧାରରୁ
ତିଆରି ଫୋଟକାରେ।

ସେ କିଛି ବି ଶୁଣିଲାନି
ସାରାଦିନର ଭାବନାକୁ ଚିତ୍ରକରି
ସାଇତିଲା ଭିନ୍ନଭିନ୍ନ ସ୍ୱପ୍ନରେ
କହିଲା, ଏମିତି ଯଦି ସାଇତି ହୁଅନ୍ତା
ଠୁଳ କରି ସାରାଦିନର ଆଲୁଅ
ତେବେ କ'ଣ ନିଜକୁ
ନିରାପଦ ଭାବନ୍ତା ନାହିଁ ସେ ଅନ୍ଧାର,

ଅସୁସ୍ଥ ଆଲୁଅ ପାଇଁ
ବସିଥିବା ବେଳେ ତପସ୍ୟାରେ ।

ସେ ଯାହା ବୁଝେ
ସେତେକ ଭାବିନିଏ
କୁଆଁତାରା ପରି ଭିନ୍ନଭିନ୍ନ ଦିଗରେ
ତା'ର ଅଛି ଦିଶିବାର ଶକ୍ତି,
ଅନ୍ୟମନସ୍କ ହୋଇଯାଏ
ତା'ପାଇଁ ମୋ ପ୍ରାର୍ଥନା
ଶୂନ୍ୟରେ ଚେକାପାରି ଯେବେ
ନିଜ ଛାଇଠୁ ଶୁଣିବାରେ ଲାଗିଯାଏ
ମୋ ପ୍ରଶସ୍ତି ।

କେତେଥର ତାକୁ କହିଛି
ପାଣି ଅବା ପବନ
ସାଇତି ପାରନ୍ତେ କି
ତୋର ଏଇ ରୂପକଳ୍ପ,
ତୁ ତ ସେଇ କାଗଜ ଖଂଡିକ
କାହାକୁ କେମିତି ପାରି କରିବୁ
ନଧୋଇ ଶବ୍ଦଂକ ପାଦ ।

ସେ କ'ଣ କିଛି ଶୁଣିଲା !
ପଚାରିଲା, 'ଯାହାସବୁ ମୋର ନୁହଁ
କୁହ, ତା'ର କୋଉ ଶବ୍ଦ
ନାଚି ପାରିବ ତରଂଗରେ
କେଉଁ ଧ୍ୱନି ମୋ ସହ ରହିପାରିଛି
ତମେ ନଥିବା ବେଳେ' ।

ସେ ମୋତେ କ'ଣ ଭାବେ କେଜାଣି !
ମୁଁ ଯାହା କହିଥାନ୍ତି
ସେ କଥାର ଚିହ୍ନକୁ ପାଦ କରି
ଚାଲି ପାରିବ ସାରା ଜୀବନ
ସେ ବୋଧେ ଜାଣିନି ।

# ନିଶବ୍ଦ

ପବନ ପିଠିରେ ମୁହଁ ଆଂକି ଅସ୍ତହୁଏ ଅପରାହ୍ଣ ମୋର
ରାସ୍ତା ଖୋଜେ ନିଜର ଅତୀତ ଝଂକାଳିଆ ଶୂନ୍ୟତା ଭିତରେ,
ମନ ତଳ ଶୀତଳ ପାଣିରେ ବୁଡିଯାଏ ଶୋଷ ଶେଷ ଶ୍ରାବଣର
ମୋଡ ବଦଳାଇ ପବନ ଶୋକର ମୁହଁ ଅପଲକ କରେ।

କିଏ ପାଖେ ଠିଆହୁଏ,କିଏ ପୁଣି ରକ୍ତକୁ ଚିହ୍ନାଏ
ପବନରେ ମୋର କାହା ହସ ଚର୍କି ହୋଇ ଘିରିଘିରି ଘୂରେ
ନିଦ ଖୋଜି ସମୁଦ୍ର ଆଖିରେ ଢେଉ ସହ ବେଳା ଚାଲିଯାଏ
ପାନ୍ଥଶାଳା ଗୀତ ହେଇ ଅତୀତ ମୋ ବୁଲେ ବିଜନରେ।

ଆଖିରୁ ଓହ୍ଲାଇ ଲୁହ ଯେବେ ମୋର ଦେଇପିଂଡି ଦିଏ
ହସ ଗଢିବାର କଳା ଧରି ଦଶତୁଠେ ପସରା ମୁଁ ମେଲେ,
ଆପଣାର ଛାଇ ଆସି ମୂଳ ଯେବେ ବୁଝି ଚାଲିଯାଏ
କ୍ଷୟ ହୋଇଥିବା ସ୍ୱପ୍ନ କଳିପତ୍ର ଡାଳେ ମୋ କଅଁଳେ।

ହସ ମୋର ଧୋକା ଖାଏ ପଡିଗଲେ ମୋ ମୁହଁ ସାମ୍ନାରେ
ନିଖୁଣ ମୁଁ ହେବି ବା କେମିତି ଶବ୍ଦ ଥିଲେ କୁଭାଂରଚକରେ !

■

# ମାୟା ଧୂଳି

ସେ ହଠାତ୍ ଆସିଲା
ଓ ମୋ ଆଖିରୁ ମୋତେ
ବାହାର କରିଦେଲା
କହିଲା, ଏଇଠି ଥା'
ସେ ମଲ୍ଲୀକଢ଼ରେ ବସିଥିବା
ଧୂଳି କୋଉ ମାଟିର
ମୁଁ ବୁଝିଆସିବା ଯାଏଁ।

ହୁଏତ ସେ ଭାବିଥିବ
ମୋ ମୁହଁସାରା କେମିତି
ଏତେ ପ୍ରକାର ଆଖି
ଆଖିରୁ ବାହାରକୁ ଆସି
ଲହଲହ ହେଉଚି
ଧ୍ରୁବ୍ ଚରଚର ଚେର,
ଭାବିଥିବ, ଯୋଉ ଚେର
ମାଟି ଛୁଇଁନି ସେ କ'ଣ ଜାଣିବ
ଆଳୁଅରେ ପାଣି
ରଂଗ ଭରେ କାହିଁକି !

ଭାବିଲି, ସେ ମୋତେ ବି
ପଚାରି ପାରିଥାନ୍ତା

ଗୋଟେ ଅପାଠୋଇ ରାତିର
ପସରା କଣାକରି
ଉତ୍ତରସବୁ ମୁଁ ପି'ଗଲା ବେଳେ,
ମୋ ନିରସ୍ତ୍ର ମୁହୂର୍ତ୍ତସବୁ
ନିରବତାକୁ ଆହୁତି ଦେବା ଆଗରୁ
ନିଜଠୁ ଆତ୍ମଗୋପନ କଲାବେଳେ।

ମୋର ସବୁଠୁ ବଡ଼ ଖୁସିକୁ
ରଖିଦେଇଛି ପଞ୍ଜୁରୀରେ
ଛୋଟଛୋଟ ଦୁଃଖର ଦାନା
ତାକୁ ପରଷି ଦେବା ବେଳେ
ସେ ହସିଦିଏ, କହେ
ଏତେ ସବୁ ସ୍ୱାଦିଷ୍ଟ ଛଳନା କ'ଣ
ଲାଗିପାରିବ ଆତ୍ମାର ଶୁଦ୍ଧୀକରଣରେ।

ତା' ହସ ମୋ ଦୁଃଖକୁ
ସମ୍ଭ୍ରାନ୍ତ ହେବାକୁ ତାଗିଦ୍ କରେ,
ମନେ ପକାଏ ମୋତେ ବସାଇ
ଯିଏ ଯାଇଚି, ସେ ତା' ମା'ର କାନିକୁ
ମୁଠେ ଧୂଳି ଟେକି କହିଥିଲା
ସାଇତି ରଖ ଏ ଚାଉଳ ମୁଠାକ
ଭାତ କରିଦେବୁ
ପୂର୍ବଜଙ୍କ ଆତ୍ମାସବୁ
ନିରନ୍ନ ଥିବେ ଯେତେବେଳେ।

ତା ଶବ୍ଦରେ ଥିବା ବିଶ୍ୱାସ
ମୋ ଶବ୍ଦଙ୍କୁ ସନ୍ଦେହ କରିବାକୁ
ମୋତେ କହିଥିଲା ସେଦିନ

ତା'ପରଠୁ ମୋ ପ୍ରତିଟି ଆବେଦନରେ
ରହିଥିଲା ଧୂଳିର ଟିପଚିହ୍ନ।

ଏହା ଭିତରେ କେତେଥର ଉଇଁ
ପୁଣି ଅସ୍ତ ହେଲାଣି ମୋ ସ୍ୱପ୍ନ
ତା ଗାଢ଼ ନିଦରେ
ମୁଁ ତ ତା ଅନେକ ଶବ୍ଦର
ସେଇ ଗୋଟିକ ପ୍ରତିଶବ୍ଦ
ବାରମ୍ବାର ପ୍ରତିଧ୍ୱନିତ ହୋଇ ଚାଲିଛି
ତା ଧୂଳିର ଛାଇ ଘୋଟିଥିବା
ମୋ ନିଃସହାୟ ପୃଥିବୀର କକ୍ଷପଥରେ।

■

# ଗପ ଗଛ

କେହି ନଥାନ୍ତି କୁଆଡ଼େ
ଘୁଁ ଘୁଁ ହୁଏ ଭଅଁରଟେ
ଗପ ଗଛ ଚାରିକଡ଼େ
କହେ, 'ମୁଁ ସେଇ ଅଭିଶପ୍ତ ରାଜାପୁଅ
ମୋତେ ମୁକ୍ତିଦିଅ ଫରୁଆରୁ
ହେଉ ପଛେ ମିଛରେ।'

ଗପ ଗଛର ଭାବନାରୁ
ମିଛ ଗୋଡ଼ କାଢ଼େ ଯେତେବେଳେ
ସତ ଜାକିଜୁକି ହେଇ
ବସିପଡ଼େ ହୁଁ ର କୋଳରେ।

ଅନ୍ଧାର କାନ୍ଧକୁ
ଚାଦର ଟେକିଦେଇ ପବନ
ଠିଆ ହେଇ ରହେ ଖଣ୍ଡେ ଦୂରରେ
ପକ୍ଷୀରାଜ ଘୋଡ଼ା ମିଛକୁ
ପିଠିରେ ବସାଇ ଉଡ଼ିଯାଏ
କ୍ଷୀର ସମୁଦ୍ର ଦିଗରେ,
ସତ କାନ ଖୋଲେ ଜାଣିବାକୁ
ଅଭିଷେକ ହେବ ମିଛର ନା
ବିଶ୍ୱାସ ଜୀବନ ହାରିବ ମୁଣ୍ଡକାଟରେ।

ଟିକେ ପଢ଼େଇ ଯାଏ ଗପଗଛ
ରାଜକୁମାର ପରି ଶବ୍ଦଟେ
ପକ୍ଷୀରାଜ ଘୋଡ଼ାରେ ବସି
ଯେବେ ମିଳେଇଯାଏ ଶୂନ୍ୟରେ,
ଗପଗଛର ଶିହରଣ
ଗୋଟେ ମିଛରୁ ଲୁହ ଗଡ଼ାଏ
ଆଉ ଗୋଟେ ମିଛର
କଟାମୁଣ୍ଡ ରଖି ବନ୍ଦୀଶାଳାରେ।

ନିଦ ଛୁଇଁପାରେନା ଗପ ଗଛକୁ
ଛୁଇଁଯାଏ ହୁଁ ସବୁକୁ ଯେତେବେଳେ
ଶୂନ୍ୟରେ ଘୂରୁଥିବା ଶବ୍ଦ
ଯୋଡ଼ିଯାଏ ରାଜକୁମାରୀ ପରି
ଆଉ ଗୋଟେ ସୁକୁମାର ଶବ୍ଦର ପ୍ରେମରେ,
ଗପ ଗଛରୁ ମୁହଁ କାଢ଼େ ଫୁଲକଢ଼ି
ହୁଁ ର କୋଳରୁ ଉଠି ହାଇମାରେ ସତ
ଯେବେ ସେ ସୁକୁମାରୀ
କୁଆଡ଼େ ଚାଲିଯାଏ କାହା ସାଙ୍ଗେ
ପକ୍ଷୀରାଜ ଘୋଡ଼ା ଚଢ଼ି।

ରାଜକୁମାର ପରିକା ଶବ୍ଦ ପାଇଁ
ପାଖୁଡ଼ା ଖୋଲେ ଗପ ଗଛର କଢ଼ି
ଶବ୍ଦ ସହ ଶବ୍ଦର ଆଖି ମିଶାଇ
ଘୂରିବୁଲେ ଗୀତଟେ
ଚାରିଧାର ଲୁହ ଦୁଇଧାର କରି।

ଦୁଇ ଶବ୍ଦଙ୍କ ମିଳନ ବେଳେ
ଗପ ଗଛ ଦିଶେ ମୋ ଜେଜେଙ୍କ ଭଳି

ହୁଁ ସବୁ ଆମେ ବସିପଡୁ ଶବ୍ଦ ହେଇ
ପକ୍ଷୀରାଜ ଘୋଡ଼ାର ପିଠିରେ,
ଶୋଇ ପଡ଼ିଥିବା ଅନ୍ଧାରକୁ
ନିଦରୁ ଉଠାଇ ପଚାରୁ
କୁହ, କାଲି ପୁଣି କେଉଁ ମିଛର ପାଳି ?

■

# ଶିଉଳି

ଯୁଆଡ଼େ ଗଲି ଭେଟିଲି ଶିଉଳି।

ମୋ ଶୋଷକୁ
ପାଣି ରଂଗ କଲା ଶିଉଳି,
ଯେବେ ପ୍ରସନ୍ନ କଲି
ମୋ ନିରବତାକୁ
ସରଳ ଶବ୍ଦମାନେ
ଚାଖିଚାଖି ଖୁଆଇବା ବେଳେ
ଖଟାମିଠା ବରକୋଳି।

ଦୂର ସଂପର୍କୀୟ ପରି
ସେ ଶବ୍ଦସବୁ
ଅଚାନକ ଝୁଲିପଡ଼ନ୍ତି
ଶୁଖି ଆସିଥିବା ମୋ ଡାଳଧରି,
ଡାଳ ଭାଂଗିବା ଆଗରୁ
ଅଦୃଶ୍ୟ ହୋଇଯା'ନ୍ତି
ଖସିପଡ଼ିଥିବା ଦରପାଚିଲା
ପତ୍ରସବୁ ଠୁଳକରି।

ଯେଉଁ ପାଣି ମୋର ନୁହେଁ
ଆପେଆପେ ପହଞ୍ଚିଯାଏ

ଶିଉଳି ପାଦରେ,
ଯେଉଁ ପାଣି ମୋର
ଅଧିକାଂଶ ସମୟ କାଟିଲା
ମୋ ଅବଶିଷ୍ଟ ପତ୍ରକୁ ରଂଗଦେବାରେ।

ଶବ୍ଦ ସହ ପାଣିର,
ପାଣି ସହ ଶିଉଳିର
କି ସମ୍ପର୍କ କେଜାଣି,
ମୁଁ କେବଳ ଏତିକି ବୁଝେ
ଶବ୍ଦ ନିଶବ୍ଦ ହେବାବେଳେ
ଖୁଂଟେ ବାଟ ଚାଲିଯାଏ ପାଣି
ଶିଉଳି ରଂଗ ବୁଣିବୁଣି।

ମୋ ଆଖିରେ ବି ଲାଗିଯାଏ ଶିଉଳି
ଯେବେ ପାଣି ଛାଡ଼ିଯାଏନା ଆଖିକୁ,
ପାଣିର କି ମାରାତ୍ମକ ଶବ୍ଦ
ଦେଖୁନ, କେମିତି କାରଣ ପାଲଟିଗଲା
ସେ ଦି' ଭାଇଙ୍କର
ଚଉଦ ବର୍ଷ ବନସ୍ତରେ ବୁଲିବାକୁ।

ଯୁଆଡ଼େ ଗଲି ଭେଟିଲି ଶିଉଳି।
ସବୁଥର ସେ କହେ
ପବନକୁ ପାଦ ଦେଇ ପାରିଲେ
ନିଶ୍ୱାସର ତୃଷ୍ଣା ବଢ଼ିଯାଏ।

ମୋର ତ ପାଦ ଖସିଯାଏ ସବୁବେଳେ
ଭୂଇଁରେ ପଡ଼ି ଫାଟିଯିବା ଆଗରୁ
ମୋ ସ୍ୱପ୍ନକୁ ମାଟି ଟେକିଧରେ।
ବୁଝିପାରେ, ବେଳେବେଳେ

ତଣ୍ଟିରେ ଲାଖିଥିବା ପାଣି
କାହିଁକି ପଚାରେ
'ମନେ ପକଉଛି କି କେହିଜଣେ' ?

ହଁ, ମାଠିଆ ସହ
ବୁଡ଼ି ଯାଉଥିବା ଶଢରେ ବି
ବେଳେବେଳେ ଶିଉଳି ରଂଗ ଧରେ।

■

# ଜନ୍ମଦିନ

ଆଜି ମୋ ଗୀତର ଜନ୍ମଦିନ।

ମୋ ଆଖିରେ ଶୋଇଥିବା
ତା ଲୁହର ନିଦ
ଆଜି ଭାଂଗିଯିବ ପୁଣିଥରେ,
ଦେଖିବାକୁ, ମୋ ଲୋଡ଼ିବାପଣର
ଓଠ ତଳେ କେମିତି
ସେ ପାଲଟିଛି ତିଳଚିହ୍ନ।

ଫୁର୍‌କିନା ଉଡ଼ିଯାଇଥିବା
ସମୟଠୁ ଦିନେ ସେ ପାଇଥିଲା
ଉଡ଼ାଣ ଓ ମୋତେ ମିଳିଥିଲା
କାନି ଖାଇଥିବା
ଅନେକ ସ୍ୱପ୍ନଂକ କଂପନ।

ତା ନିଶ୍ୱାସ ପାଇଁ ଅପ୍ରସ୍ତୁତ ପବନକୁ
ନୀରବତା ଯେବେ ପିଂଧାଉଥିଲା
ବର୍ଷାବିଂଦୁରେ ବୁଣା ହୋଇଥିବା
ମୋ କାମନା,
ଅଂଧାର ପାଲଟୁଥିଲା ଇଂଦ୍ରଧନୁ।

ଯୋଉ ଖୁସି ବରଣ କରୁଥିଲି
ଅପରାହ୍ଣ ଛାଇର ସ୍ୱପ୍ନ ଭିତରୁ
ତା ପାଲଟୁଥିଲା ତାରାଂକ ଶିହରଣ
ତାକୁ ଛୁଇଁବା ଆଗରୁ।

ଟିକେ ଅଲଗା ଥିଲା ସେ ଅପରାହ୍ଣ
ତା ଚାହାଣି ତା'ଠୁ ଫେରିଆସି
ପାଲଟିଥିଲା ପ୍ରଶ୍ନଚିହ୍ନ,
ବ୍ୟଥା ସହ ସେ
ସନ୍ଧି କରିନେବା ମୁହୂର୍ତ୍ତକୁ
ଅନୁସରଣ କରିଥିଲା
ମୋ ଆତୁରତାର
ସବୁଠୁ ସମ୍ବେଦନଶୀଳ ଶୋକଗନ୍ଧ।

ସେଇ ଦିନ ଓ ରାତିର ତାରକସୀ
ଏବେ ନିଶ୍ଚେ ଥିବ
ତା ସ୍ୱପ୍ନର ଭୂଲତାରେ,
ସେ ଫାଂକି ଦେଇଥିବା ପ୍ରତିଶ୍ରୁତି
ଚିତ୍ର ପାଲଟିଥିବ ହସରେ
କେବେ ଆମର
ଭେଟ ନହେବାର ଭାବନା
ପାଚି ଯାଇଥିଲେ ବି
ଲାଖି ରହିଥିବ ତା ବୃଂତରେ।

ଦିନେ ଗଢ଼ିବାକୁ ଆମ ସ୍ୱର
ଗୁଡ଼ାଏ ମୁହୂର୍ତ୍ତଂକ ନୀରବତାକୁ
ଆମେ ଲାଗିଥିଲୁ ରିଆଜ କରିବାରେ।

ସେଥିପାଇଁ ସେ କେବଳ
ଶୁଣିପାରେ ସେଇ ସ୍ୱର
ଲୁହବୁଂଦାକ ଜୀବନ ପାଇଲେ,
ନିଜକୁ ସେ ବେଶିବେଶି ଜାଳେ
ଯେମିତି ମୁଁ ଅଧିକ ତରଳିଯିବି
ଓ ଠୁଳ ହେଇଯିବି
ନିଜଠୁ ଅଲଗା ହେବାର
ଯନ୍ତ୍ରଣା ଉପରେ, ନୀରବରେ ।

■

# ସ୍ତ୍ରୀଲୋକ

ରାତି ନିଶବ୍ଦ ହେଲେ
କ'ଣ କରେ ସ୍ତ୍ରୀଲୋକ !

ଶେଷ ରୁଟିପଟକର ବାମ୍ଫରେ
ରଖିଦିଏ ଛାଇନିଦ,
ତା ନିଶ୍ୱାସର ପବନ
ଅନ୍ୟମନସ୍କ ହେବା ଆଗରୁ
ରାତି ଆଖିରେ
ଢ଼ଳଢ଼ଳ ସ୍ୱପ୍ନ ହାତକୁ
ଟେକିଦିଏ ତା' ଅବଶେଷ।

ସାରାଦିନର ଅନେକ
ଦୀର୍ଘଶ୍ୱାସକୁ ଉଷୁମ ପାଣିରେ
କୁଳିକରେ ସ୍ତ୍ରୀଲୋକ,
ଚୁପ୍‌କିନା ହସିଦିଏ
ଯେବେ ମନେପଡ଼େ
କିଛି ପାଦରେ କେମିତି
ପିନ୍ଧାଇଛି ଶବ୍ଦ
ନିଜ ଗୋପନୀୟ ଶବ୍ଦଙ୍କୁ
ରଖିବାକୁ ନିରାପଦ।

ଅନେକ ଯନ୍ତ୍ରଣାକୁ
ଶିଖାଏ ଆତ୍ମସମର୍ପଣ,
ତରଳି ସାରିଥିବା ଦୁଃଖକୁ
ଠୁଳକରି ଖଂଜିଦିଏ ସଳିତା
କେହି ନିଆଁ ଧରାଇଲେ
ଦେଖିପାରିବ ନିଜ ଲୁହ
ଯେମିତ ଆଉ କିଛିକ୍ଷଣ।

ଲୁହ ତା'ର ସବୁଠୁ ନିଜର
ଯାହା ସବୁବେଳେ ଲାଖିଥାଏ
ତା'ଭିତରେ ଫୁଟିଥିବା
ଫୁଲ ପାଖୁଡ଼ାରେ।
ଲୁହ ଝରେନାହିଁ
କାହା ଆଘାତରେ
ବରଂ ଫୁଲକୁ ପବିତ୍ର କରେ
ଯାହା ସମର୍ପିତ ହେଇ ପାରିବ
ସ୍ତ୍ରୀଲୋକ ବୋହି ଚାଲିଥିବା
ଅଭିଶାପର ପାଦପଦ୍ମରେ।

ସେ ଚିରି ହେଇଯାଏ
ରାତି ନିଶବ୍ଦ ହେଲେ।
କେହିବି ଜାଣି ପାରନ୍ତିନି
ଭିନ୍ନ ଭିନ୍ନ ଅଂଶରେ ଥିବା
ତା' ଅଭାବବୋଧ ଓ
ଅବସୋସକୁ ଭେଟିବା ପାଇଁ ସେ
ଯା' ଆସ କରେ କେଉଁ ରାସ୍ତାରେ,
ସେତକ ନଜଣାଇବାକୁ
ସେ ଶପଥ କରାଇଥାଏ
ଈଶ୍ୱରଙ୍କୁ ସଂଜସଂଜିଆ ପ୍ରାର୍ଥନାରେ। ■

# କେତେଥର

କେତେଥର ତୁମକୁ ଲେଖିଛି ମୁଁ ଫର୍ଦ୍ଦେ ବିରହରେ
କେତେଥର ପଢିଛି ବି ଧଳା ମେଘ କଳା ହେବାବେଳେ,
କେତେଥର ଶୁଭିଛି ମୁଁ ସ୍ୱର ହେଇ ତୁମ ପବନରେ
କେତେଥର ଭେଟିଛି ବି ପାପ ସହ ସନ୍ଧି କଲାବେଳେ।

କେତେଥର ପଢୁଆଁ କରିଛି ହସ ନୂଆ ଭାବନାରେ
କେତେଥର ଲୁହକୁ ଝାଳିଚି ଶବ୍ଦଙ୍କ କୁଟିକମ ବେଳେ,
କେତେଥର ଅଧା ସ୍ୱପ୍ନ ଲାଗିଛି ମୋ ରାତି ପହରାରେ
କେତେଥର ଖୁସି ମୋର ତୁମ ଛାଇ ଖୋଜି ଆଣି ପାଳେ।

କେତେଥର ତୁମ ହସ ଆଙ୍କିବାକୁ ପ୍ରଜାପତି ଧରେ
କେତେଥର ତୁମ ଲୁହ ଛୁଇଁଚି ମୁଁ ନଈବଢି ବେଳେ,
କେତେଥର ତୁମ ଗପ ମାପିଅଛି ତାତି ମୋ ଦୁଃଖରେ
କେତେଥର ତୁମ ସ୍ୱପ୍ନ ତିଥି ଦେଖି ମୋ ପକ୍ଷ ବଦଳେ।

ଜାଣିଛି ମୋ ଭାଗ୍ୟ ଆଉ ତୁମେ ଅଛ ଗୋଟେ ନିକିତିରେ
ପ୍ରେମ ତୁମ ଭାରି ବୋଲି ଭାଗ୍ୟକୁ ମୋ ଝୁଲାଏ ଉର୍ଦ୍ଧ୍ୱରେ।

■

## ସ୍ତୁତି

ମୁଁ ଯାହା କଥା କହୁଛି
ତା' ସୁନ୍ଦରତାର
ଉପମା ପାଇଁ
ସ୍ତୁତି ଥିଲା ତମର,
ତା' ଫୁଲ ଜୀବନ ହେବାପାଇଁ
ଆବଶ୍ୟକ ଥିବା ଗୀତର
ଗୁଞ୍ଜରଣ ଥିଲା ମୋର।

ତମକୁ ଆଶ୍ରା କରିଥିବା
ଭିନ୍ନ ଭିନ୍ନ ଆକର୍ଷଣରେ
ମୋ ରୂପ ବଦଳିଛି
ଥରକୁ ଥର,
ଭଉଁରିର ଅସ୍ଥିରତାରୁ
ଢୋକ ପରେ ଢୋକ ପି'
ପ୍ରସରି ଯିବାର ଇଚ୍ଛାକୁ
ତମେ କେବେବି ଭାବିନ
ମୋର ଅହଂକାର।

ବରଂ ଖୁସି ହୋଇଛ
ମୋର ଯେତେକ ପ୍ରାପ୍ୟ
ତା'ଠୁ ଅଧିକ ପାଇବାକୁ

ଯେବେ ଭାବିଯାଇଛି ଅନେକ,
ସେଥିପାଇଁ ଏତେ
କ୍ଷୀପ୍ର କରିଛ ମୋତେ ଯେ
ଭୁଲି ଯାଇଛି
ମୋ ଭୁଲିଯିବା ପଛରେ ଥିବା
ଅନେକ ରହସ୍ୟ।

ଏତେଟା ଉର୍ବର ନୁହେଁ
ତମପରି ମୋ ଦୁଃଖ,
ନହେଲେ ଲୁହବୁଂଦାକ
ସ୍ପର୍ଶରେ ଜାଣିପାରିଥାନ୍ତା
ଭୂତରୁ ଭବିଷ୍ୟତ,
ଫେଡ଼ିଦେଇ ପାରନ୍ତା
ବର୍ଷବର୍ଷ ଯୋଗଫଳର
ସୁଖରୁ ଆୟୁଷ।

ମୋ ହସ ପାଚିଲା
ଧାନ ରଂଗର,
ମୋ ଆଖି ଘାସଫୁଲର କାକର
ମୋ କୁହୁ ନେଇ
ଧାନଫୁଲଠୁଁ ମହୁ ମାଗିଆଣେ
ଛବିଳ ଭଅଁର।
ତଥାପି ମୋ ଶବ୍ଦ ସହ ଏମିତି
ଲୁଚକାଳି ଖେଳେ ପବନ
ଯାହାର ସାକ୍ଷୀ ହେଇ ପାରନ୍ତିନି
ଦଶଦିଗପାଳ।

ତୁମକୁ ମୁଁ ଭଲପାଏ
କାରଣ ଯାହା କଥା କହୁଛି

ସେ ହସିଲେ କି କାନ୍ଦିଲେ
ତମର ହିଁ ନାଁ ନିଏ,
ମୁଁ ତ ସ୍ତୁତିଟିଏ ନିମିଷକର
ଅକ୍ଷିମୁଠି ବାହିବାହି
କାଳ ପାଖେ ତୁମ ଶୁଭ ପାଇଁ
ଚିରକାଳ ହାତ ପାତିଥାଏ ।

■

# ସାଦା ଦୁଃଖ

କିଛି ବି ମନେପଡ଼େନି ।

ସେ ମନେପକେଇ ଦିଏ
ଘୋରି ହୋଇଯାଇଥିବା
ମୋ ଆସ୍ପର୍ଦ୍ଧା, ଅସ୍ତିତ୍ୱକୁ,
ପଚାରେ, ତୁମେ ଯେତେ ବାଟ ଆସିଛ
ଯୋଡ଼ିଦେଲେ କ'ଣ ପାଇଯିବ
ସେ ପର୍ବତ ଶିଖରକୁ !

ଯଦି ବି ପାଇଯାଏ
ତୁମେ ଶିଖରରେ
କଇଁ ହେଇ ଫୁଟିବ ନା
ଆଗରୁ ଫୁଟିଥିବା କଇଁରୁ
ଖସିପଡ଼ିଥିବା ପାଖୁଡ଼ା ଜାଗାରେ
ଯୋଡ଼ି ହୋଇଯିବ !

ମୁଁ ପଡ଼ି ରହିଥାଏ
ଅଦରକାରୀ ସମୟର
ଦୁର୍ଭାଗ୍ୟ ସାଂଗରେ ।
ବେଶି ଭାବିବାକୁ ସୁଯୋଗ ଦେଉଥିବା
ଯଂତ୍ରଣାର ମୋତେ ଦୁଇଟି ମୁହଁ ଦିଶେ,

ଗୋଟେ ମୁହଁରେ ତା'ପରି ଆଖି
ମୋ ପରି ଓଠ ଅନ୍ୟ ମୁହଁରେ,
ଓଠରେ କାଳକାଳ ଚାପି ହୋଇ
ଅନେକ ଶବ୍ଦରେ
ପଡ଼ିଥିବା ଦାଗ ଫୁଟି ଦିଶେ
ମୁଁ ଛୁଇଁବାକୁ ଭାବୁଥିବା ଦୃଶ୍ୟରେ।

ସେ କହେ,
କଇଁର ଯେତିକି ପାଖୁଡ଼ା
ଠିକ୍ ସେତିକି କଇଁର କେଶର
ନା ନାହିଁ ଜାଣିବାକୁ ଯଦି
ନଷ୍ଟ କରି ଚାଲିବ
ତୁମ ଉପର ମୁଂଡରେ ସାଇତା
ପାଣିର ଭବିଷ୍ୟତ
ତେବେ କେମିତି ଜାଣିବ
ରାତିର କେଉଁ ରାଗରେ
ଫୁଟି ଉଠେ ସ୍ୱପ୍ନ,
ପୁଣି ଝରିବାର ଆକସ୍ମିକତାରେ
କାହିଁକି ଭିଜିଯାଏ ସକାଳ ଆଲୋକ!

ପର୍ବତର ପଥର ସଂଧିରୁ
ମୁଁ ଝରି ଆସିପାରେ
ଭୁଲାଇ ଦେବାକୁ
ନାଲି ପରିବର୍ତ୍ତେ ମୋ ରଂଗ
ଧଳା ହେବାର ଦୁଃଖ।

ସେତକ କ'ଣ ପ୍ରମାଣ ହେବ
ଠିକ୍ ରୂପେ ପ୍ରସ୍ଫୁଟିତ ହୋଇଛି
ଆଲୋକର ପ୍ରତିରୂପ!

ପର୍ବତ ଚଢ଼ିବା ଓ ଖସିବା ବେଳେ
ମୋ ଛାଇ କ'ଣ ଜାଣିପାରିବ
ଶିଖର ବୋଲି ଯାହା ଅଛି
ତା କେବଳ କିଛି ମନେପଡୁନି ଭାବି
ଚୁପ୍ ରହିବାର ସାଦା ଦୁଃଖ।

ଭାବୁଛି, କାଲି ନିଶ୍ଚେ ମୋ ରାସ୍ତା
ପାଇଯିବ ସେ ଚାହୁଁଥିବା
ଆଉ ମୁଁ ଦେଖିନଥିବା ପର୍ବତ।

■

# ସ୍ୱପ୍ନଟିଏ

ଯେତେସବୁ ସ୍ୱର
ତୁମ ଅଂଧାରର
ଗୀତ ହୋଇଯାଉ
ମୋ ଆଲୁଅ ଓଠର ।

ଯେତେସବୁ କୋହ
ତୁମ ଶୂନ୍ୟତାର
ମୋ ପବନରେ
ତୋଳୁଥାଉ ଘର ।

ଘର ଭିତରେ
ଛାଇ ତୁମ ସ୍ୱପ୍ନର
ଭାବନା ପାଲଟୁ
ମୋ ରଂଗ,ତୂଳିର ।

ଚିତ୍ର ଜୀବନ ହେଉ
ଆମ ନୂଆ ସକାଳର ।

# ପୁଅ

କଳା ମୁଗୁନି ପଥର ପରିକା
ବୁଢ଼ାଟେ ଫି' ହାଟପାଳିରେ
ଚାରାଗଛ ବିକିବାକୁ ଆସେ।

ସାଙ୍ଗରେ ଥାଏ ଛୋଟ ପିଲାଟିଏ
ଚାରାଗଛଙ୍କ ଚାରିପଟେ ବୁଲିବୁଲି
ସେ ଯାବତୀୟ ବିପଦ ଆପଦକୁ
ଡରାଏ ଉପର ଆଖିପତା ଓଲଟାଇ,
କେବେ ପୁଣି ଝାଉଁଳା ଚାରାଙ୍କ
ଶୋଷରେ ଚରିଯାଏ ପାଣି ହେଇ।

ପିଲାଟି ବୁଢ଼ା ରକ୍ତର ନୁହଁ,
ଗୋଟେ ମାଛିଅନ୍ଧାରର ନୀରବତା
ଅସ୍ପଷ୍ଟ ସ୍ୱରଟେ ଗୁନ୍ଥିଦେଇଥିଲା
ବୁଢ଼ାର ଶିହରଣରେ,
ସେଦିନରୁ ପିଲାଟି ଆଉ ଏକ
ଚାରା ହେଇ ଢାଙ୍କିଦିଏ ବୁଢ଼ାର ପିଠି
ତା ପାଇଜାମାର ଫଟାରେ
ଖରା ପଶି ରୁଗ୍‌ରୁଗ୍ କରେ ଯୋଉଠି।

ବୁଢ଼ା ଆଣିଥାଏ ଅନେକ ଚାରାଗଛ
ତା' ଭିତରୁ ଗୋଟେ ଚାରା ବିକେନାହିଁ
ତା'ର ଅନେକ ଦୁଃସ୍ୱପ୍ନ
ମାଦଳ ହେଇ ଗଡୁଛନ୍ତି
ଯେମିତି ସେ ଚାରା ପାଇଁ।

ହାଟ ଫେରନ୍ତା ଲୋକମାନେ
କିଣିବାକୁ ଆସନ୍ତି ଚାରାଗଛ
ଆଉକିଛି ଦେଖିବାକୁ ଆସନ୍ତି
ଲୁହର ଆଖି ସହ ଆଖି ମିଳାଇ କେମିତି
ସତେଜ ହେଉଛନ୍ତି ଝାଉଁଳା ଗଛ।

ଦିନେ ବୁଢ଼ାକୁ ଆଉ ଦେଖିବାକୁ ମିଳିଲାନି,
ସେ ଯୋଉଠି ବସେ ସେଠି ବସିଥିଲା
ତା' ପୁଅ ତଳକୁ ମୁହଁ ପୋତି
କଳା ମୁଗୁନି ପଥରକୁ କାଟି
ଛୋଟ ମୂର୍ତ୍ତି ଗଢ଼ିଛି କେହି ଯେମିତି।

ଦିନେ ହାଟ ଭାଙ୍ଗିବା ଆଗରୁ
କେହି ଜଣେ ଠିଆ ହେଲା ତା' ପାଖରେ
ଯୋଉ ଚାରା ପ୍ରିୟ ଥିଲା ବୁଢ଼ାର
ପଚାରିଲା, କେତେ ଦାମ୍ ଏହାର?

ପିଲାଟି କହିଲା,
ଜାଣିଛ, ମୋ ପରି ସେ ଚାରା ବି
ଗୋଟେ ଶବ୍ଦରୁ ଜନ୍ମିଛି
କେବେ ସେ ତ କେବେ ମୁଁ
ଗୋଟେ ନଥିବା ଦେହର ଥିବା ସ୍ୱପ୍ନକୁ
ଦେଇ ଚାଲିଚୁ କାନ ଓ ଆଖି,

କୁହ, ତାକୁ ବିକିଦେଲେ
ସ୍ୱପ୍ନର ଅନୁଭବକୁ
ସେ ଶଢ଼ ଜାଣିବ କେମିତି !

ଲୋକଟା କ'ଣ ଭାବିଲା କେଜାଣି
ଚାରାଗଛକୁ ଚାପି ଧରିଲା ଛାତିରେ,
ମାଛିଅନ୍ଧାରର ନୀରବତାକୁ
ଟେକି ଦିଆଯାଏ ଯୋଉ କଅଁଳ କାନ୍ଦ
ତା'ର ମନେ ହେଲା
ଅନ୍ଧାର ଢାଙ୍କି ରଖିଛି ପାପୁଲି
ପିଲାଟିର ଠିକ୍ ସେଇ କାନ୍ଦ ଉପରେ
ସନ୍ତର୍ପଣରେ ।

# ମୁଠେ ଆଲୁଅ

ରାତିର ଚିହ୍ନା ଚିହ୍ନା ଅନ୍ଧାର,
ଅନ୍ଧାରରେ ଅଚିହ୍ନା ଆଖି
ମୁଠେ ଆଲୁଅ ମାଗୁଛି ।

ପବନକୁ ଡେରା ହେଇଥିବା
ଗୋଟେ ଶିଢ଼ି ଉପରକୁ
ମୁଁ ଚଢ଼ିଯାଉଛି ଓ
ଦି'ହାତ ମୁଠାକରି ଓହ୍ଲାଇବାକୁ
ବାଟ ଖୋଜୁଛି ।
ଭାବୁଚି, ନିଜକୁ
ଓହ୍ଲାଇ ଦେବାର କୌଶଳ
ଭୁଲି ଯାଇଛି କେମିତି !

ଆଲୋକର ତୀବ୍ର ଜ୍ୱଳନରେ
ଖୋଲିଯାଉଛି ହାତମୁଠା,
ଶୂନ୍ୟରୁ ତଳକୁ ଖସିପଡୁଛି
ମୋ ଭାଗ୍ୟ, ମୋ ଆୟୁଷ ।
ପବନର ସ୍ପର୍ଶ ପାଇ
ଜଳିଗଲା ବେଳେ ସେସବୁ
ମୁଁ ବାହୁନି ଉଠୁଚି,
ବୁନ୍ଦେ ଲୁହକୁ ଟିପରେ ଆଣି

କାହିଁ କୋଉଠି ଆଲୁଅ
ନିଜକୁ ପଚାରୁଛି ।

ଭାବି ପାରୁନି କେଉଁଠୁ
ମିଳିବ ଚେନାଏ ଆଲୁଅ ।
ମୋ ଆବାହନ, ସଂସ୍ଥାପନ
ମଝିରେ ଥିବା ଶୂନ୍ୟତାରେ
ଯାହାର ଅହରହ ବିସର୍ଜନ,
ଉତ୍ତରାଧିକାରୀ ସୂତ୍ରରେ
ଯାହା ଆସିଛି ମୋ ଅସ୍ତିତ୍ୱକୁ
ତା'ର ଆକାର ଜାଣିବାକୁ
କେତେ ବଢ଼ାଇ ପାରିବି
ନିଜର ଆୟତନ !

ହେ ମୋର ଶୁଭେଚ୍ଛୁମାନେ,
ମୋତେ ଆଣି ଠିଆ କରେଇଲ
ଏ କେଉଁ ଜନପଦରେ,
ମୋ ପାଖରେ ତ ସେଇ
ଗୋଟେମାତ୍ର ସୁବର୍ଣ୍ଣ କଙ୍କଣ
କେତେ ପଥଚାରୀଙ୍କୁ
ପକାଇ ପାରିବି ଭ୍ରମରେ ।

ଅନ୍ଧାରର ଅଚିହ୍ନା ଆଖି
ମୁଠେ ଆଲୁଅ ମାଗୁଛି ।
ତାକୁ ଭୁଲାଇବା ପାଇଁ
ତିଆରି କରିପାରେ ଅନେକ ତରଙ୍ଗ
ମୋ ସ୍ଥିର ପାଣିରେ,
ମୋ ଗୁମ୍ଫାର ଶୂନ୍ୟତାକୁ
ଶିଖାଇପାରେ ଶବ୍ଦ

ପ୍ରତିଧ୍ୱନିତ ହେବା ପାଇଁ
ମୋ ଅନୁପସ୍ଥିତିରେ।

ହେଲେ, ମୋ ପାଇଁ
ସଂଘର୍ଷରତ ପବନ ଓ ମୋତେ
ପଢ଼ି ଚାଲିଥିବା ପଶ୍ଚାତାପ
ମଝିରାସ୍ତାରେ ଯଦି ପଚାରିବେ,
'ତୁମେ ଆସିବା ବେଳେ
କେହି ଜଣେ କାନ୍ଦୁଥିବାର
ଦେଖିଚକି ?'
କ'ଣ କହିବି ଉତ୍ତରରେ,
ଭାବୁଛି !

■

# ମରୀଚିକା

ମୁଁ ରହି ପାରିଲିନି
ପାଣିର ପ୍ରୋଫାଇଲରେ।

ଯେତେ ଅପ୍‌ଡେଟ୍ କଲେ ବି
ସେମିତି କରପ୍ଟ ହୋଇ ରହିଗଲା
ମୋର ଯେତେସବୁ ଆଲୁଅର ଆଖି,
ମୁଁ ଦେଖାଇ ପାରିଲିନି
ଆଉ ଯୋଡ଼ାଏ ଆଖିକୁ
ଗୋଟେ ଛାଇ ଯେବେ ବାଧକଲା
ଅନ୍ୟ ଏକ ଛାଇର ପ୍ରତିମାକୁ
ତିନି ଗାର ଡେଇଁବାକୁ।

କେବେକେବେ ଆଲୁଅର ହସ
ମୋ ଗ୍ୟାଲେରିରୁ ଡିଲିଟ୍ କରିଦିଏ
ପବନର ଶିହରଣ,
ସେଥିପାଇଁ ମୋ ନୀରବତା
ଭୟର ଆଖି ବନ୍ଦ କରି
ତିଆରି କରିଚାଲେ
ନିଜ ଚାରିପାଖେ
ମୁଁ ଘେରାଇ ପାରୁନଥିବା
ବିଶ୍ୱସ୍ତ ଉଚ୍ଚାରଣ।

ମୋ ମଧ୍ୟବିତ୍ତ ଦୁଃସ୍ୱପ୍ନ
ଘର ତୋଳେ ମୋ ଭିତରେ,
ଘର ଛାତରୁ ଯେବେ
ଖଣ୍ଡେ ଖଣ୍ଡେ ପଲସ୍ତରା ଖସିପଡ଼େ
ମୋ ମେମୋରିରେ ଥିବା
ଖରାର ଷ୍ଟୋରିସବୁକୁ
ମୁଁ ଭାଇରାଲ କରିଦିଏ
ଯେମିତି ଲୁହ ବିକିବାକୁ ନପଡ଼ିବ
କାହାରିକୁ ଅଂଗାର ହାଟରେ।

ମୋ ପ୍ରାର୍ଥନା ଯେତେବେଳେ
ବଂଚିଯାଏ ଦୁର୍ଘଟଣାରେ
ମୋ ଆତ୍ମସନ୍ତୋଷକୁ ପରିଚିତ କରାଏ
ସେମାନଙ୍କ ସାଙ୍ଗରେ,
ଯୋଉମାନଙ୍କ ପାଇଁ ଡବଡବ ହୁଏ
ମୋ ସ୍ୱପ୍ନରେ ଶୂନ୍ୟତା
ପାଣିର କମେଣ୍ଟରେ।

ମୁଁ ରହିପାରିଲିନି
ପାଣିର ପ୍ରୋଫାଇଲରେ।
ଆକ୍ୱାରିୟମର ରଂଗୀନ ପଥର ପରି
ଆଜୀବନ ମୁଁ ଚାହିଁ ରହିଲି
ପାଣିର ବୁଦ୍‌ବୁଦ୍‌କୁ,
ଅଥଚ ପାଣି ମୋ ଭାବନାର
ସ୍କ୍ରିନ୍‌ସର୍ଟ ନେଇ
ସେମିତି ଝୁଲାଇ ଚାଲିଲା,
ପବନ କ୍ଳାନ୍ତ ହେଇ
ଯୋଉଠି ଟିକେ ଆଉଜି ପଡ଼େ
ଖରାର ଠିକ୍ ସେଇ ବାରଣ୍ଡାରେ। ■

# କେଉଁଠିକି ଯାଏ ମୁଁ

କେଉଁଠିକି ଯାଏ ମୁଁ କାହାପାଇଁ ଶବ୍ଦ ଚାପି ଅଂଧାର ଓଠରେ
ମୁକ୍ତିର ଦୁଆରୁ ଆଣି ପାପକୁ ମୋ ନୂଆବେଶ କରେ ପୁଣିଥରେ,
ପ୍ରିୟତମ ଆଶା ମୋର କାହିଁକି କେଜାଣି ମୋ ବାଟକୁ ଆଗୁଳେ
ନିଆଁର ସ୍ମୃତି ଓ ପାଣି ରଂଗରେ ଯେବେ ମୁଁ ଶବ୍ଦସବୁ ଝାଳେ ।

ବେଳେ ବେଳେ ଛାଇକୁ ମୋ ଦେଇଚି ସାମର୍ଥ୍ୟ ଚିତ୍ର ଆଂକିବାର
ନିଦରୁ ମୋ ଆଣି ସେ ଯେମିତି ଆଂକିଦେବ ଚିତ୍ର ମୃତ ସ୍ୱପ୍ନଂକର,
ଜାଣିବାକୁ ଗଭୀରତା ଆଖି ଖଂଜିଥିଲି ପାଣିର ଡୋଳାରେ
ସବୁ ଦିଶେ ନେଗେଟିଭ୍ ମୋ ଆଖିର ରିଲ୍ ଧୋଇଦେବା ପରେ ।

ପବନକୁ ପଚାରେ ମୁଁ ପାଦଶବ୍ଦ ମୋର କାଇଁ ଶୁଭୁନାଇଁ
ଆଲୁଅକୁ ବି ପଚାରେ ମୋ ଭିତରେ ବାଲିକଣା କାଇଁ ଦିଶୁନାଇଁ,
ବୁଝିଗଲି,ରାସ୍ତା ଯାହା ଯାଉଚି ଆସୁଚି ପାଦ ମୋର ସ୍ଥିର
ଆଖି ସହ ଆଲୁଅ ଫେରୁଚି,ଏତେ ବେଶି ସାନ୍ଦ୍ର ଅଂଧାରର !

କେଉଁଠିକି ଯାଏ ମୁଁ ରାତିର ସ୍ୱପ୍ନ ବୋହି କାକର ଆଖିରେ
ଅଭୁକ୍ତର ବେଦନାରେ ପ୍ରଶ୍ନ ହୋଇ ଗଡୁଥାଏ ଟାଂଗର ଭୂଇଁରେ ।

■

# ଚିତ୍ର ମାଟି

ଜାଣିନି, ତୁମେ
କାହିଁକି ଆସ ସ୍ୱପ୍ନରେ।

ମୁଁ ପାପୁଲିରେ ଧରିଥାଏ
ମୁଠାଏ ମାଟି ନିଦକାନ୍ଥର
ତୁମେ ସେ ମାଟିକୁ ଛୁଇଁ ପଚାର
'ଏତକ କ'ଣ ସାମର୍ଥ୍ୟ
ମୋ ଆଘାତର'?
ମୁଁ କହେ ନା ନା ଏତକ ହିଁ ପ୍ରମାଣ
ତମ ଭଲପାଇବାର,
ସ୍ୱପ୍ନକୁ ଆସିବା ବେଳେ
ଯାହା ତମ ପାଦରୁ
ମୋ ରାତି କରିଛି ଉଦ୍ଧାର।

ଦିନେ ତୁମେ ତୋଳି ନେଇଥିଲ
ମୋର ଦି'ଟାଯାକ ଆଖି,
ତା'ପରେ ତୂଳି ଓ କାଳି
ଆଲୁଅ ହାତରେ ଦେଇ
କହିଥିଲି ଆଙ୍କିବାକୁ
ଅନ୍ଧାରର ହୃଦୟ ଓ ହାତଗୋଡ଼,
ଯେମିତି ଜାଣିପାରିବି

ଅଛି କି ନା ଛାଞ୍ଚ ହୋଇ
ଅନ୍ଧାରର କାର୍ଖାନାରେ
ମୋ ଆଖିରେ ସ୍ୱପ୍ନକୁ ତୁମେ
ଦେଇଥିବା ନୂଆ ମୋଡ଼ !

ବର୍ଷ ବର୍ଷ ରହିଥିଲି ଚିତ୍ର ଅପେକ୍ଷାରେ ।
କେବେ ଅନ୍ଧାର କହିଥିଲା
ଆଲୁଅ ଆଉ
ଅଲୁଅ ହେଇ ନାହିଁ ପୃଥିବୀରେ,
କେତେବେଳେ ଆଲୁଅର
ଅଭିଯୋଗ ଯେ ଅନ୍ଧାର ଅସ୍ଥିର
ସେ ଚିତ୍ର ଆଙ୍କିପାରେ
କିନ୍ତୁ କେବେ ବି ନାହିଁ
ଚିତ୍ର ହେବା ସପକ୍ଷରେ ।

କେବେଠୁ ଅବସର ନେଲାଣି
ମୋ ସ୍ମରଣଶକ୍ତିର ବୟସ,
ତଥାପି ମୋ ଖୁସି ପିଲାମାନଙ୍କ
ବ୍ୟୋମଯାନ ଦେଖିବା ପରି,
କୁହ, ମୋତେ କେମିତି ଛୁଇଁପାରିବ
ଚିତ୍ର ଭିତରେ ଚିତ୍ର
ଦେଖି ନପାରିବାର ଦୃଷ୍ଟିଦୋଷ ।

ହେଲେ କାହିଁ ସେ ଚିତ୍ର
କାହିଁ ମୋ ଆଖିଯୋଡ଼ିକ !

ସ୍ୱପ୍ନରେ ଯେଉଁ ଶବ୍ଦସବୁକୁ
ତୁମେ ଡେରି ଦେଇଯାଅ ପବନରେ
ତାହା ଧୀରେଧୀରେ ପାଲଟିଯାଏ

ବିପରୀତବୋଧକ,
ମୋ ଆଖି ନାହିଁ ବୋଲି
କିଛି ବି ଦେଖିପାରେନା
ଏତିକି ଭାବିପାରେ ଯେ
ମୋ ପାପୁଲିର ମାଟିମୁଠାକ
ବୋଧହୁଏ ସେଇ ଚିତ୍ର
ତୁମେ ଖୋଜୁଥିବା ସ୍ୱପ୍ନ ପରି
ସାହସୀ ଅଥଚ ନିର୍ବୋଧ।

■

## ରାଗ ସୁଦର୍ଶନ

ତୁ ନାହୁଁ ବୋଲି
କେହି କେହି କହୁଥିଲେ,
ମୁଁ ବିଶ୍ୱାସ କଲିନି
କାରଣ, ତୁ ଯଦି ନାହୁଁ
ମୁଁ କେମିତି ବାଜି ଉଠୁଛି
ମୋ ଭିତରେ !

ତୁ ପାଲଟି ଯାଇଛୁ ସେ ଗୀତର ସ୍ୱର
ଯୋଉ ଗୀତକୁ ଆମେ
ସାଂଗ ହେଇ ଗାଇଥିଲେ
ନୂଆ ରଂଗ ଲାଗିଲାବେଳେ ଅପରାହ୍ଣର ।
ଆମେ ପରସ୍ପରକୁ
ଭେଟି ଦେଇଥିବା ମଧୁର ଆଳାପ ସବୁ
ନିର୍ଜନତାକୁ ଡେଇଁ ପଡ଼ିଲେ
ଓ ପାଲଟିଗଲେ ବାଲିଚର ।

ମୁଁ ଯେବେବି ତତେ ଦେଖେ
ମୋତେ ଦିଶେ
ତୋ ପ୍ରେମପ୍ରଣୟର ସାରେଗାମା
ଯାହା ତୋ ଭିତରେ
ଦୁଃଖଙ୍କୁ ରାସ୍ତା ଚିହ୍ନାଏ
ଖରା ଚରୁଥିବା ବେଳେ ସ୍ୱପ୍ନସାରା
ଟିକେ କ୍ଲାନ୍ତ ହେଲେ କହୁ

'ଥା ଏଇଠି ଥା, ମୁଁ ତାଙ୍କୁ ଭେଟିଆସେ
ନିଜକୁ ଆଲୁଅ ଦେଇ ପାରୁନାହାନ୍ତି
ଯେଉଁସବୁ କୁନିକୁନି ତାରା।'

ତୋ ହସର ପ୍ରତିଟି ଫର୍ଦ୍ଦରେ
କ'ଣସବୁ ଲେଖା ଅଛି ଜାଣିବାକୁ
ତୋ ଦୁଃଖ ସହ ମୁଁ ମିତ ବସେ ନିରୋଳାରେ,
କେବେ କେବେ ମୁଁ ଦେଖେ
ତୋ ସ୍ୱର କେମିତି ବୁଝାଉଛି ହାରମାନିକୁ
ଯିଏ ତୋ ବୋଲ ନମାନି ବାଜି ଉଠୁଥାଏ
ଆଶାବରୀ ପରିବର୍ତ୍ତେ ରାଗ କୌମୁଦୀରେ।

କିଏ ବୁଝେଇ ପାରିବ ସେ ଗୀତସବୁକୁ
ଯୋଉ ଗୀତ ତୋଠୁଁ ସ୍ୱର ପାଇ
ଅପେକ୍ଷା କରିଛନ୍ତି ଶୁଭିବାକୁ ତୋ କଣ୍ଠରେ
ନିଜକୁ କେମିତି କ୍ଷମା କରିପାରିବ ସେ ରାସ୍ତା
ଯିଏ ତୋତେ ଚିହ୍ନି ପାରିଲାନି,
ତୋ ଦୁଃଖରେ ସମଦୁଃଖୀ ହେଇ
ଯେ ଦିନେ ତତେ ବାନ୍ଧି ଦେଇଥିଲା
ସ୍ୱରର ଡୋରରେ।

ତୁ ନାହୁଁ ବୋଲି ବିଶ୍ୱାସ କରୁନାହାନ୍ତି
ଦିନେ ତୋ ହସକୁ ଫୁର୍ତ୍ତି କରିଥିବା
ମୋ ଶବ୍ଦମାନେ,
ତୋ ଅବ୍ୟକ୍ତ ଆଳାପସବୁ
ମୋତେ ନିଦରୁ ଉଠାଉଛନ୍ତି ଅଧରାତିରେ,
ମୋ ଲୁହକୁ ରିଆଜ୍ କରାଉଛନ୍ତି
କେଜାଣି କୋଉ ରାଗରେ। ■

**(ପ୍ରିୟ କଣ୍ଠଶିଳ୍ପୀ ସୁଦର୍ଶନ ନାୟକଙ୍କ ସ୍ମୃତିରେ)**

# ଅଭୀଷ୍ଟ

କହିବାର ଥିଲା, କହି ପାରିନଥିଲି ।

କେବେକେବେ ମୃଗୁଣୀ ସ୍ମୃତିରେ
ନିଆଁ, ଜାଲ, ମଣିଷ, ଈଶ୍ୱର
ସଭିଏଁ ଦିଶନ୍ତି ଗୋଟିଏ ପ୍ରକାର,
ମହମବତୀ ଆଲୁଅରେ
ତରଳି ଯାଇଥିବା ଅନ୍ଧାର
ଠୁଳ ହୋଇଯାଏ, ଯେତେବେଳେ
ନୀରବି ଯାଏ ସମବେତ କଣ୍ଠସ୍ୱର ।

ମୋର ଯେତେସବୁ ସ୍ୱପ୍ନ ଥିଲା
ଝରିବାକୁ ଥିବା ପତ୍ରଙ୍କ ଆଖିରୁ
ଲୁହ ପୋଛିବାକୁ ଛାଡ଼ି ଆସିଛି,
ମୋ ଦୁଃଖସବୁ ମିଶି ଗଢ଼ିଛନ୍ତି
କମନୀୟ ପୋଖରୀ
ଯା'ର ନିସ୍ତରଂଗ ପାଣିରେ
ଝରାପତ୍ରଟେ ଚେଇଁ ଶୋଇ
ଗୋଟେ ପିମ୍ପୁଡ଼ିକୁ ଅପେକ୍ଷା କରିଛି ।

ଶୁଣିବାର ଥିଲା, ଶୁଣି ପାରିନଥିଲି ।

ନଶୁଣିଥିବା କଥା ମୋ ପଛରେ
ଗୋଡ଼େଇ ଗଲା କିଛିବାଟ,
ଫେରି ଆସିଲା, ମୁଁ ଫେରି ଚାହିଁଲିନି ବୋଲି,

ଚାହିଁଥାନ୍ତି, ଯଦି ଜାଣିନଥାନ୍ତି
ଆଜି ଯାହା ନିଃଶେଷ ହୁଏ ପ୍ରେମରେ
ପାଲଟିଯାଏ ଅବପାତ ଆସନ୍ତାକାଲି।

ମୁଁ ଛାଡ଼ି ଆସିଥିବା ରାସ୍ତା
ମିଛ ଖବର ପଠାଏ ବେଳେ ବେଳେ,
ମୋ ଲୁହକୁ ଅପଲକ କରେ
ସେ କଥାରେ ଗୁଣୁଗୁଣୁ ସ୍ୱପ୍ନ
ମୋ ଖୁସିର ଘରକରଣାରେ
ଅଭାବ ଟିକକ ପଛରୁ ଭିଡ଼ିଧରି
ପଚାରେ, ଭାଗ୍ୟ ଠାରୁ କ'ଣ
ତୁମେ ଏତକ ନେଇଛ କରଜ?

ଦେଖିବାର ଥିଲା, ଦେଖିପାରି ନଥିଲି।

କିଏ ଧରାଇଦେଲା ଥାଳ ମୋ
ଫାଙ୍କା ହାତ ଦେଖି ଓ କହିଲା ପୂର୍ଣ୍ଣ କର।
କରୁଣାରେ, କରୁଣ ଦୃଶ୍ୟରେ,
ମୃତ ଲୁହରେ ନା ଜୀବନ୍ତ କ୍ଷତରେ,
ଭାବିଲା ବେଳକୁ ଥାଳ କହିଲା,
'ମନେ ପକାଅ ମୁଁ କେମିତି ଭରିଯାଏ
ତୁମ ପାପ ପଖାଳି ମୋ ପୁଣ୍ୟରେ।'

ମନେ ପଡୁଥିଲେ ମୁଁ କ'ଣ
କହି ପାରିନଥାନ୍ତି ଯେ
ମୁଁ ହିଁ ଭୋକ ହୋଇ ଠିଆ ହୋଇଥାଏ
ମୋ ଦୁଆର ସାମ୍ନାରେ,
ମୋ ଅବାହନର ଅଭୀଷ୍ଟ ହେବାକୁ
ଅନ୍ୟସବୁ ଦ୍ୱାର ଖୋଲାନଥିବା ସମୟରେ। ■

# ସନା ସାମଲ

ଏବେ ଗାଁ ଛାଡ଼ି ଦୂର ଗାଁରେ
ରହୁଛି ସନା ସାମଲ
ସାଙ୍ଗରେ ଅଛି ତା' ଝିଅ,
କଳା ପଡ଼ିଯାଇଥିବା ଯା'ର ଆଶାରେ
ସୁନା ପାଣି ଦେଇ
ସନା କରିଦେଇଛି ଝଲମଲ।

ଅନେକ ପ୍ରଶ୍ନ ସାମ୍ନାରେ ନତମସ୍ତକ ହେବା,
ଛାତି ଭିତର ଭଂଗା କାଂଥକୁ
ବାରମ୍ବାର ଡେଇଁବାକୁ
ଭୟକୁ ସୁଯୋଗ ଦେବା ଅପେକ୍ଷା
ଗାଁ ଛାଡ଼ିବାକୁ ସେ ଉଚିତ ମଣିଥିଲା।
ଏବେ ସେ ବାଧନୁହେଁ କହିବାକୁ
ଶୁଖି ଯାଇଥିଲେ ବି
ଭାଂଗି ନପଡ଼ି କାହିଁକି ଲାଖି ରହିଛି
ତା' ବାଡ଼ିର ସଜନା ଗଛ ଡାଳ,
ତା' ଝିଅ ପିନ୍ଧିଥିବା ସିନ୍ଦୂର
କାହାର ନାଁ ନିଏ
ହଠାତ୍ ସାମ୍ନା କଲାବେଳେ ବିପଦର !

ସନା ମୁହଁର ଅଯତ୍ନବର୍ଦ୍ଧିତ ଦାଢ଼ି
କୃତଘ୍ନ ହେଲାନି ବରଂ
ସମଦୁଃଖୀ ହୋଇ ଦିଶିଲା ଧୂସର,
କୃତଘ୍ନ ହେଲାନି ଲୁହ
ଆଖି ଭିତରେ କ୍ରମଶଃ
ପାଲଟିଗଲା ଗପ ଘର।

ସନାର କାଠ ବେପାର ବୋଲି
ବୁଝିଥିଲା ବଉଳିଥିବା ଆମ୍ବଗଛ,
ଦାରୁରୁ ଦେବତା ପାଲଟିବାକୁ ଥିବା ନିମଗଛ,
ହେଲେ ବୁଝିନଥିଲା ତା' କୁରାଢ଼ି ଧାର।
ମାଟିର ନିରୀହତାକୁ ନେଇ
ଆକାଶ ରଚିଥିବା ଗୀତକୁ
ସ୍ୱର ଦେଇପାରେନା ପବନ
ଯେତେବେଳେ ଗୋଟେ ଶବ୍ଦକୁ
ମୂକ କରିଦିଏ
ଆଉ ଗୋଟେ ଶବ୍ଦର କଂପନ।

ନାତି ଓଠରେ ଚୁମା ଦେବାବେଳେ
ଦିନେ ଦିନେ ଅବୋଧ ଶିଶୁଟି
ସନାର ଦାଢ଼ିରେ ଯାହା ଦେଖେ
ତା ଧୂସର ଛଳନା ବୋଲି
ସନା ଜାଣିପାରେ,
ପାଟି ଖୋଲୁଥିଲେ ଶିଶୁଟି
ନିଶ୍ଚେ ଅଳିକରିଥାନ୍ତା ଜହ୍ନମାମୁ
ବୁଝି ପାରୁଥିଲେ ପଚାରିଥାନ୍ତା
ଜହ୍ନ କ'ଣ ଖସିପଡ଼େନା
ଅଣବାବୁଆ ପିଲାଙ୍କ ହାତରେ!

ସନା ଏବେ ଗାଁରେ ରହୁନି
ଘର କରି ରହୁଛି
ଗଛ ମୂଳରୁ ଗଣ୍ଡି
ଅଲଗା ହେବା ବେଳର ଶବ୍ଦରେ,
ପାଣି ଢ଼ାଳି ଗଛ ମୂଳରେ
ବଂଚେଇ ରଖୁଛି ନିଜର ଶୋଷ
ତା'ପାଇଁ ଲୋଡ଼ାଥିବା
କେଇଖଣ୍ଡ କାଠ
ନମିଳିବା ଆଶଂକାରେ ।

■

# କାଶ୍ମୀର

ଯୋଉ ଶବ୍ଦକୁ ଡର
କାହିଁକି ତାହା
ଉଚ୍ଚାରିତ ହୁଏ ବାରମ୍ବାର ।

ସେ ଶବ୍ଦରେ ମୋ ବୃନ୍ତରୁ
ମୁଁ ହଠାତ୍ ଝରିପଡ଼େ,
ଉଡ଼ିଉଡ଼ି ଲାଖିଯାଏ
କୋଉ ଧର୍ମଗ୍ରନ୍ଥର
ପୋକଖିଆ ପୃଷ୍ଠାରେ ।

ମୁଁ ଏତେ ସରଳ ହେଲି କେମିତି !
ବରଫସ୍ତୁପ ଭିତରୁ
ବାହାରି ଆସିଥିବା ହାତଟେ
ହଲଚଲ ହେଲା ବେଳେ
ଏ ପ୍ରଶ୍ନ ନିଜକୁ
କେତେଥର ପଚାରିଛି ।

ମୋ ଭିତରେ ନିରାପଦ ଜାଗା
ଖୋଜିଛି ଅନେକଥର,
ଯିଏ ବି ପଚାରିଛି
କହିଛି, ଅପେକ୍ଷା କର

ଏକାପରି ଶୁଭିବା ଯାଏ
ସମୂହ ନମାଜପାଠ ଓ
ସମବେତ ପ୍ରାର୍ଥନାର ସ୍ୱର ।

ସୀମାନ୍ତର ତାରବାଡ଼ରେ
ଲାଖିଥିବା ମାଂସ ଖଣ୍ଡକ
ଦେଇ ପାରିବା ଯାଏ
ପହରା ଦେଉଦେଉ
ଶୋଇ ପଡ଼ିଥିବା ଶବ୍ଦଙ୍କ ଉତ୍ତର,
ଅପେକ୍ଷା କର ।

ବେଳେ ବେଳେ ନିଜକୁ ପଚାରେ
କେତେବର୍ଷ ଧରି
କିଛି ଧରିଥିବେ ସାପ ମୁଣ୍ଡ,
ଆଉ କିଛି ଲାଞ୍ଜ,
ଘିରିଘିରି ଘୂରୁଥିବ ମୋ ପାହାଡ଼
ମନ୍ଥି ହେଉଥିବେ
ମୋ କୋଳର ପ୍ରିୟ ମଣିଷମାନେ !

କିଏ ପାଉଥିବ
ଉଚ୍ଚୈଶ୍ରବା, ଐରାବତ
କିଏ ପିଇ ଚାଲିଥିବ ହଳାହଳ, ଅମୃତ,
ହେଲେ ମୋର
ଅନେକ ସଙ୍କଳ୍ପ ପରେ
ମୁକ୍ତି ପାଇବାକୁ ଥିବା
ଆଲୋକ ମୁହଁରୁ
ଝୁଲି ପଡୁଥିବ ଆଖିଯୋଡ଼ିକ ।

କେହି ହେଲେ ତ ବୁଝ
ସୀମାନ୍ତରୁ ସରହଦ
ଘୂରି ବୁଲୁଥିବା ଶରଣାର୍ଥୀର
ମୁଁ ଯେ ରୁଟି ଖଣ୍ଡିକ,
କଲମଟିଏ ପୋଡ଼ାଭୂଇଁର,
କଲମରୁ ଯିଏ କାଳି ଶୋଷି ନେଇଚ
କେମିତି ମେଣ୍ଟିବ ଭୋକ,
ଖୋଲିବ ସୌନ୍ଦର୍ଯ୍ୟର ଆଖିଯୋଡ଼ିକ
ଧାଡ଼ିଏ ତ ଠିକ୍ କରି ଲେଖ।

# ତୁମ ସହ ଦିନେ

ତୁମ ସହ ନିଶ୍ଚେ ଦିନେ ସାମ୍ନାସାମ୍ନି ହେବି ଅଂଧାର ଦୁଆରେ
ମୋ ମୁହଁରେ ଅନେକଂକ ମୁହଁ ଥିବା ତୁମେ ପ୍ରଥମେ ଜାଣିବ,
ତୁମର ସେ ହସ ଥିବ ଯା'ର ଚାରା ଉଠେ ମୋ ଲୁହ ମଂଜିରେ
ସେଇ ହାତ ଥିବ,ଯା' ମୋ ହାତକୁ ପାଣି ସହ ମଂତ୍ର ଟେକି ଥିବ।

ତୁମେ ନିଶ୍ଚେ ପଚାରିବ ମାଟିରୁ ମୁଁ କାହିଁକି ଚୋରାବାଲି ହୁଏ
ନିଜ ଧ୍ୱନି ନିଜେ ହୋଇ ସେ ଶବ୍ଦକୁ ପୁଣି ଖୋଜେ ବା କିପରି,
ଦେବା ପରର ଶୂନ୍ୟତା ସହ କାହିଁକି ମୋ ଛାଇ ଗପୁଥାଏ
ନିଶ୍ୱାସ ହେବା ଆଗୁଁ ପବନ କେମିତି ମୋତେ କରେ ଅଶରୀରୀ।

ନୀରବତା ଶୋଷି ନେବ ଚରିଥିବା ଝାଳସବୁ ତୁମ ପ୍ରଶ୍ନସାରା
ତୁମେ ବୁଝିଯିବ କେମିତି ବା ଲାଇଟପାସ୍ ହୁଏ ମୋ ଶବ୍ଦରେ,
ଗୀତ ମୋର ସ୍ୱର ପାଇବାକୁ ଉଜାଗର ହୁଏ ରାତିସାରା
ନିଜକୁ ବୁଝାଉ ବୁଝାଉ ସ୍ୱପ୍ନର ଛାଇ ଭିଜେ ଅସରା ଲୁହରେ।

ତୁମ ଆଖିରେ ମୋ କରୁଣା,ଛଂଦ ଥିବ ତୁମ ମୋ ହୃଦ ପଂକ୍ତିରେ
କିଏ ଛୁଇଁବ କାହାକୁ ପ୍ରଥମେ ଭାବୁଥିବ ସମୟ ବସି ଟିକେ ଦୂରେ।

■

# ନବାନ୍ନ

କ୍ଷେତ ଧାରରେ ପଡ଼ିଥିବା
ଖଣ୍ଡେ ପଥର ମୁହଁରେ
ହସ କଅଁଳିଛି।

ସେ କ'ଣ ଜାଣିଛି
ମୋ କାହାଣୀର ଉପସଂହାରକୁ
କେମିତି ପାକୁଳି କରେ
ପବନର ଭୂତ,
ପବନର ଦି'କଳରୁ
ନିଗିଡ଼ି ପଡୁଥିବା ଅସନ୍ତୋଷ
ମୋ ସନ୍ତୋଷର ବିହନ ମୁଠାକ।

ଦୋମାଟିଆ ହୋଇ ରହିଥିବା
ମୋ ପାପରୁ ବେଳେ ବେଳେ
ଶାଗୁଆ ପତ୍ରଟେ ମୁହଁକାଢ଼େ,
ମୋତେ ଲୁହ ଗୁଂଥିବାକୁ କହେ
ମୋ ସ୍ୱପ୍ନସବୁକୁ ଖୁଂପିଖୁଂପି
ଖାଇଦେଇଥିବା ରାତିକୁ
ଧରିବା ପାଇଁ
ଆଲୁଅର ବନିଶି କଣ୍ଟାରେ।

ପଥରର ହସଠୁ ମୋତେ
ଅଧିକ ପ୍ରଶସ୍ତ କରିଦିଏ
ସେ ପତ୍ର ଆଖିର ସଂତାପ।

ସେ ବୋଧେ ଜାଣିଛି
ପବନର ଛାତ ଉପରେ ମୁଁ
କେମିତି କାକର ମଂଜି ଶୁଖାଏ
ବୁଣିବାକୁ ଗଜାମରୁଡ଼ି ସମୟରେ
ଦେଖିଛି, ବୀଣାର ଛିଡ଼ି ଯାଇଥିବା
ତାରଠୁ ଶିଖିବା ରାଗ ମହ୍ଲାର
ଶୋଷର ସ୍ୱରରେ।

ନିଜକୁ ଚିକ୍‌କଣ କଳା କରିଛି
ତରଳାଇ କେତେକେତେ ଅଂଧାର,
କାହା ମୁହଁରେ ପାଣିଟୋପେ
ଦେବାବେଳେ ଯେମିତି
ପାଦ ଖସିନଯିବ ମାଟିର,
ତଥାପି ଥଇଥାନ ହୋଇନଥିବା
ମୋର କିଛି ଅଭାବୀ ଶବ୍ଦ ପାଇଁ
ତା ହସ ଗୋଟେ
ଲୋଭନୀୟ ଯୋଜନା
ଭାବୁଚିକି ସେ ପଥର !

ସେ କିଂତୁ ଜାଣେ
ମୋ ଶବ୍ଦସବୁ ତା' ହସର ସମ୍ବଳ,
ସେମାନେ ତା ନିର୍ଜନତାର ହାତଧରି
ଚଲାଇ ନିଅଂତି ଧୀରେଧୀରେ
ଓ ଫେରିଆସଂତି ଠିଆ କରେଇ
ଦର୍ପଣ ସାମ୍ନାରେ।

ମୋ କାତର ଦୃଶ୍ୟସବୁ କଅଁଳଂତି
ତା ପଥୁରିଆ ଆଖିରେ
ଯେତେବେଳେ ମୁଁ ବସିଯାଏ
ନବାନ୍ନ ଧରି ପରମାତ୍ମାଙ୍କ ସହ
ଗୋଟିଏ ଥାଳିରେ ।

# କଂକି

ସେଇ ଗୋଟିକ କଂକି
କାହିଁକି ବାରଂବାର
ମୋ ସାମ୍ନାକୁ ଆସିଯାଉଚି ।

ବସିପଡୁଚି ଶୁଖିଯାଇଥିବା
ମୋ ସ୍ୱରର ନଈରେ,
ତାର ଟିକେବି ଖାତିର ନାଇଁ
ଯେ ମୋ ଭିତରେ ଥିବା ଭୟରେ
ମୁଁ ତାକୁ ସଂକ୍ରମିତ କରିପାରେ,
ସେ ବୋଧେ ଜାଣିଚି
ମୋ କାଲିର ସକାଳ ମୁହଁ
ଦିଶିବନି ଆଲୁଅର ସଂଗରୋଧରେ ।

ଏଇ କେଇଦିନ ହେବ
ମୁଁ ପଥର ପ୍ରାୟ ପଡିରହିଚି,
ନିରବତାକୁ ଢାଂକି ହେଇ
ଆତ୍ମସମର୍ପଣ କରୁଚି
ବିଜୟର କଷ୍ଟ ସାମ୍ନାରେ,
ମୋର ଯେତେସବୁ ଭାବନା
ଆଗକୁ ଚାଲିଯାଇ ଲାଗିଚି ମୋତେ
ପଛକୁ ଠେଲିଦେବାରେ ।

ମୁଁ ସେ କଂକିର ପରକୁ
କେବେ ଦିନେ ଛୁଇଁଥିଲି
ବୁଢୀଆଣିର ଏକାଂତବାସରେ,
ତା ଓଠରେ ଖରାର ଉଜ୍ଜ୍ୱଳତା
ବୋଲିଥିଲି ନିରାଶାକୁ
ପ୍ରଣୟର ଉପମା ନମିଳିବା ଯାଏ।
ସେଥିପାଇଁ ସେ ବୋଧେ
ମୋ ଅସ୍ଥିରତାକୁ ବାରଂବାର
ପ୍ରକଟ କରୁଚି
ଖୁଁ ଖୁଁ ହେଉଥିବା
ସନ୍ଦିଗ୍ଧ ସମୟ ସାମ୍ନାରେ।

ଜାଣିନି ତା'ର କି ଖୁସି
ସ୍ଥିର ହେଇ ରହିବା ଶୂନ୍ୟରେ,
ଯୋଉ ତାରରୁ ମୋ ଓଦା ସାର୍ଟ
ବାରଂବାର ତଳକୁ ଖସିପଡେ
ସେଠି ଆସି ବସିଯିବାରେ।

ତାକୁ ନେଇ ମୁଁ ଯାହାସବୁ ଭାବିଚି
ତା କାର୍ଯ୍ୟକାରୀ ନହେବାର ପ୍ରମାଣ
ସେ ପାଇଯାଇପାରେ,
ସେତେବେଳକୁ ହୁଏତ
ଝରିପଡିଥିବ ମୋ ଡେଣା,
ମୁଁ ବସିରହିଥିବି
ଶିଉଳିଲଗା ସମୟ ଉପରେ,
କାହା ସାମ୍ନାକୁ ଚାଲି ଯାଉଥିବି
ଭ୍ରମରେ ନହେଲେ ଭ୍ରମରୁ ଜାତ
ଆତ୍ମନିରୀକ୍ଷା ପରେ। ■

# ଦୁଃଖ ବୀମା

ଥରଟେ ଭେଟହୁଅନ୍ତା କି
ଜାଣିପାରନ୍ତ ମୁଁ କେମିତି
ପାଲଟି ଯାଇଛି
ଭାଗ୍ୟଶାଳୀ ବିଜେତା ଦୁଃଖର,
ମୁଁ କାହିଁକି ମଇତ୍ର
ସୁଖକୁ ଗଛ କୋରଡ଼ରେ
ରଖି ଆସୁଥିବା ଅନ୍ଧାରର ।

ଦିନେ ସାଇତିଥିଲି ନିଶ୍ୱାସ
ତମ ନୀରବତାର
ଯେ, ଭୁଲିଗଲି କେମିତି
ବନ୍ଦ କରିବାକୁ ହୁଏ କବାଟ
ଯାଉଁଲି ଦୁର୍ଭାଗ୍ୟର,
କୋଉଠି ଲୁଚାଇ ପାରନ୍ତି କି
ମୋ ତରଳ ନିସ୍ତବ୍ଧତା,
ଯୋଉଠି ଚିତ୍ ହୋଇ
ଶୋଇଗଲେ ବି ମୋ ସମୟ
ଠିକ୍ ତା' ମଝିକପାଳରେ
ଝରିପଡୁଛି ଥୋପା ଥୋପା ।

ଯୋଉ ଦେବତାଙ୍କ ଆଖିରେ
ତମେ ଈଶ୍ୱରୀ
ତାଙ୍କ ଦାନବାକ୍ସରେ ନଥାଏ ମୋ ନାଁ
ଉଠାଣ ହେବାବେଳେ ଲଟେରି,
ଯୋଉ ଈଶ୍ୱରୀଙ୍କ ଆଖିରେ
ମୁଁ ଦେବତା, ତମ ପାଇଁ ସେ
କେବଳ ସ୍ମରଣୀୟ ହେବାର
ଯୋଗ୍ୟତା ନଥିବା
ବ୍ୟଥାର ଉପକଥା ।

ମୋ ଭିତରେ ବହୁଦିନ ରହି
ଭାଂଗ ପଡ଼ିଯାଇଥିବା ଭାବନାକୁ
ମୁଁ ଇସ୍ତ୍ରୀ କରେ ତମ ସ୍ପର୍ଶର ଉତ୍ତାପରେ
ମଳି ପି'ଯାଇଥିବା
ଆମ ମିଳିତ ହସ
ଖୁବ୍ ନିବିଡ଼ ହୋଇଯାନ୍ତି କ୍ଷଣିକରେ ।

ନିଜକୁ ହରିଦେବା ପରେ
ଯାହା ରହେ ଭାଗଶେଷ
ସେତକ ଭାବିନିଏ ତମ ଅଭିଶାପ,
ସେଥିପାଇଁ ମୋ ଇଚ୍ଛାସବୁ
ଗୋଟେ ବାଲିଦେଉଳ ବେଢ଼ାରେ
ଅଧିଆ ପଡ଼ନ୍ତି ସବୁଦିନ,
ବାଲିସବୁ ସେଇ ନଈର
ଯିଏ ଦିନେ କହିଥିଲା
'ତମ ଦୁଃଖର ବୀମା କରିଦେଇଚି
ତଥାପି ଭାବୁଛ କାହିଁକି
ଦୁଃଖର ଅନ୍ୟ ନାଁ ଜ୍ୱଳନ' !

ଥରେ ଦେଖାହେଲେ ଜାଣିବ
ମୁଁ ଜମା କରିଛି ଦୁଃଖ
ସେ ବୀମା ପାଇଁ କେତେ କିସ୍ତିରେ,
ଯୋଉଦିନ ମୋତେ ମିଳିଯିବ
ସୁଧମୂଳ ସହ ବୀମରାଶି
ସେଦିନ ନିଶ୍ଚେ ଜାଣିପାରିବି
ମୁଁ ରହିପାରିବା ଭଳି ଜାଗାଟେ
କାହିଁକି ମିଳିନଥିଲା
ତମ ପ୍ରାର୍ଥନାର ପାପୁଲିରେ !

# ଆଜି ସଂଜରେ

ଆଜି ସଂଜର ଶୀତକୁ
ଆମେ ତରଳାଇ ଦେଲୁ
ପରସ୍ପରର ଉତ୍ତାପରେ,
ଉତ୍ତାପକୁ ସାଇତି ରଖିଲୁ
ଆଲୁଅ କରି ଭେଟିଦେବାକୁ
କାଲିର ସକାଳ ହାତରେ।

ଆକାଶକୁ ବାଟ ଭୁଲିଥିବା
ତାରାଂକ ଆଲୁଅକୁ ଆମେ
ଖଂଜିଦେଲୁ ନିଭିଲା ଦୀପରେ,
ଦୀପର ଭାଷାକୁ ଦେଲୁ
ଶାସ୍ତ୍ରୀୟ ମାନ୍ୟତା,ତେଲ ବୋଲି
ଅଧା ଜଳିଥିବା ସଳିତାରେ।

ଆମ ଓଠରେ ଲାଖିଥିବା
ହସର ଅର୍ଥ ଖୋଜୁଖୋଜୁ
ସଂଜ ଶୋଇଗଲା ଅଂଧାର ଶେଯରେ
ଶୋଇବାଟା ସତ୍ୟ ବୋଲି
ବାକିସବୁ ଆହୁଲା
ସମୁଦ୍ରର ଅଥଳ ସ୍ୱପ୍ନରେ।

କେତେ କେତେ ଆଜିର
ପାପୁଲିକୁ ମୁଠା କରିଥିଲୁ
କାଲି ଅପେକ୍ଷାରେ,
ସଂଜ ଜାଣେ, ଜାଣେ ବି ଶୀତ
ଆଜି ଦେବାବେଳେ ମୂଲ
ନିଆଁକୁ ଦାଗ କରି ପାପୁଲିରେ।

ପ୍ୟୁପାରେ ଜୀବନ ଆମର
ଗୋପନରେ ଗଢି ହେଉଥାଏ
ସବୁଜ ରଂଗର ଦୁଃଖରେ,
ତେଣୁ ତ ଦୁଃଖ ରଂଗ ସାର
ମହୁ ଛିଟା ଲାଗିଥାଏ
ଅବଶିଷ୍ଟ ରଂଗର ଡେଣାରେ।

ଆଜି ସଂଜର ଶୀତକୁ
ଆମେ ନୂଆ ମୁହଁ ଦେଲୁ
ନିଜ ନିଜର କାନଭାସ୍‌ରେ,
ଶୁଣିବାକୁ ସେଇସବୁ କଥା
ଯାହା ଶୁଣାଇ ଆସିଚି କାନଭାସ୍
ଚିତ୍ର ଓଠରେ ନୀରବତାରେ।

■

# ଜହ୍ନରାତିର ଗୀତ

ଦୁଆର ସେପାଖେ କିଏ ଦିଶୁନାହିଁ କାହାର ବି ଛବି
ଆଖି ଧାରେ ବାସି ସ୍ୱପ୍ନ,କାକରରେ ଓଦା ଲୁହ ପିଠି,
ଅଂଧାରର ହସ ଶୁଭେ,ଆଲୁଅକୁ ଶହେଦୁଇ ଜର
ଘରେ ଜଳେ ଦୁଃଖ ଦୀପ,ଦୀପ ତଳ ନୁହେଁ ବି ଅଂଧାର।

ଛାଇଛାଇ ଆଶା ମୋର ରହିରହି ଉଠୁଚି କୁହୁଳି
ପବନ ଦିଏ ଉତ୍ତର ଯାହାଥିଲା ଆଜି ବି ପହେଳି,
ରୁହରୁହ କିଳିଦିଅନା କବାଟ ଶୂନ୍ୟ ଦୁଆରରେ
ଗଢିବାକୁ ବାକି ଅଛି ଆପଣାର ଦୃଶ୍ୟ ଆଢୁଆଳେ।

ଯେତେ ଦୂରେ ଲୋଭ,ତାଠୁଁ ଦୂରେ ସେ ଲୋଭର ଛଇ
ରାତି ଯଦି ନପାହିବ ଏତେ ସ୍ୱପ୍ନ ଆସେ କାହାପାଇଁ,
ଯାହା କହିବାକୁ ଥିଲା ଭାବୁଭାବୁ କେମିତି ଭୁଲିଲି
ଭୁଲିଗଲି,ମାଟିଦେହ,ପାଣି ଆଖି ପିଂଧିଥିଲି ବୋଲି।

ଆଖିରୁ ସ୍ୱପ୍ନ ଉତ୍ତୁରି ଆଜି ପାଲଟିଚି ମିଠା ଜହ୍ନରାତି
ଟିକେ ପରେ ଆସ ତୁମେ,ସୁଖ ମୋର ଖାତା ଦେଖୁଅଛି।

■

## ମୂର୍ତ୍ତି

ଏଥର ବି
ସେ ଆସିଲେନି
ମୋ ପାଦତଳୁ
ଖସି ଯାଇଥିବା ମାଟିରେ
ଗଢ଼ିଦେବାକୁ ମୂର୍ତ୍ତି ।

ତାଂକୁ ଜଣାଇଥିଲି
ମୋ ଦିନସବୁ
କେମିତି ଦିଶୁଥିଲେ
ଶାପମୁକ୍ତ ହେବାବେଳେ,
ଶୁଣାଇଥିଲି କିଛି ଧାଡ଼ି
ଯାହା ଏବେବି ଅଛି
ଋତୁମାନଙ୍କ ହାତରେ
ସଂଶୋଧନ ଅପେକ୍ଷାରେ ।

ସେ କ'ଣ ଭାବୁଛନ୍ତି
ମୋ ପାଦ ତଳୁ
ଖସିବା ଆବଶ୍ୟକ
ଆଉକିଛି ମାଟି,
ନୋହିଲେ ଅପୂର୍ଣ୍ଣ ରହିପାରେ
ମୂର୍ତ୍ତିର କପାଳ, ଆଖି !

ଏହା ସତ ଯେ
ମୁଁ ସାଇତିଥିବା ମାଟି ସହ
ଆଉ କାହାକାହା
ମାଟି ବି ମିଶିଛି,
ଯାହା ମୋତେ ମିଳିଯାଇଛି
ଗୁଡ଼ାଏ ପଥରର
ପାଦଶବ୍ଦରେ ଅସ୍ଥିର
ନୀରବତାକୁ
ଦେବାବେଳେ ବୋଧଶକ୍ତି ।

ସେ ଥରଟେ ଆସିଥାନ୍ତେ କି !
ତା'ପରେ ଯେଆଡ଼େ
ଯାଇଥାନ୍ତା ପଛକେ
ଓଳିତଳ ବର୍ଷାପାଣି,
ପୋଖରୀରୁ ମୁଁ ନିଶ୍ଚେ
ଖୋଜି ନେଇଥାନ୍ତି
ସେ ଗଢ଼ିବାକୁ ଚାହୁଁନଥିବା
ମୂର୍ତ୍ତିର ଚାହାଣି ।

ସବୁକଥା ବୋଧହୁଏ
ସେ ଜାଣିପାରନ୍ତି !
ତାହେଲେ ମୁଁ ଯେଉଁ
ମୁହୂର୍ତ୍ତ ଖୋଜୁଛି
ତା' ମହୁଫେଣା ପାଲଟି
ମୋ ପାଖକୁ କାହିଁକି
ଶବ୍ଦ ପଠାଉଛି ।

ସେ ଶବ୍ଦ ଏତେ ତୀକ୍ଷ୍ଣ
ଯେ ତା ଆଘାତରେ

ରକ୍ତ ଝରୁନାହିଁ,
ଓଦା ହୋଇଯାଉଛି
ପାଦତଳ ମାଟି,
କି ଆଶ୍ଚର୍ଯ୍ୟ !
ଗୋଟେ ସୁନ୍ଦର ମୂର୍ତ୍ତି ପରି
ଦିଶୁଛି ସେ ଭିଜାମାଟି ।

∎

# ବାସ୍ନା

ଜୀବନ ଅଛି ତା ବାସ୍ନାର।

ମୁଁ ରାତି ଖୋଜି ଉଜାଗର,
ସବୁ ଋତୁର ପବନରେ
ଛପର କରୁଥାଏ ସ୍ୱପ୍ନ ଘର,
କାଲି ଯୋଉ ସୁଖର ମୁହଁଟି ଦିଶିଯିବ
ତା ଆଖିରୁ ଆଣି
ଅନ୍ଧାର ଦୁଆରେ
ଲଗାଇଦିଏ ଟିପେ କଜଳ।

ମୋ ବାସି ନିଦରେ ଛାପିଯାଏ
ସ୍ୱପ୍ନରୁ ମୋ ପଛେପଛେ ଆସିଥିବା
ଅନେକ ଶବ୍ଦଙ୍କ ଶୋକଚିହ୍ନ
ତା ବାସ୍ନା ସେ ଶବ୍ଦମାନଙ୍କ ସହ
ଲୁହଚୋରି ଖେଳେ ସାରାଦିନ।

ଯୋଉ ନିରୀହ ରାସ୍ତା
ଆଲୁଅରେ ଥରେ ପହଁରି ଆସି
ଘଡ଼ିଏ ଥକ୍କା ମାରେ
ମୁଁ ତା କଅଁଳ ବିଶ୍ୱାସରୁ
ନିଗିଡ଼ି ପଡୁଥିବା

ବୁଂଦେ ଦୁଃଖରେ ବୁଡ଼ ପକାଏ,
ଅଣନିଶ୍ୱାସୀ ହୋଇପଡୁଥିବା ଧୂଳିକୁ
ତା ବାସ୍ନା ସରାଗରେ ପୋଛିଦିଏ।

ଏତେ ନିର୍ଦ୍ଦୟ ହ ନା ରେ ଖରା
ମୁଁ କାହାକୁ ଚିହ୍ନାଇବି
କେମିତି ଯେ ତୁମେ ହିଁ
ଶ୍ରେଷ୍ଠ କାରିଗର ଝାଳବୁଂଦାରେ
ଚିତ୍ରିତ ଅବସୋସର,
ତା ବାସ୍ନା ସହ କେମିତି ପରିଚିତ କରାଇବି
କହିବାକୁ ଏକଥା ଯେ
ସେ ଚଳନ୍ତି ପଥର ମୋ ପାପତୁଠର।

ବେଳେ ବେଳେ ସେ ବାସ୍ନା
ମୋ ଭିତର ଶୋଷକୁ
ଢୋକେ ଢୋକେ ପି'ଯାଏ
ଢୋକର ଶବ୍ଦରେ
ଗଢ଼ି ହେବାରେ ଲାଗେ ମାଠିଆଟେ
ଓ ମୋର ଯେତେସବୁ ଅବସୋସ
ମାଠିଆର ଶୂନ୍ୟତାରେ
ଚିତ୍‌ପହଁରା ଦିଏ।

ରଂଗ ଅଛି ତା ବାସ୍ନାର,
ଫିକା ପଡ଼ିଥିବା ଦୃଶ୍ୟରେ
ଯାହା ବୋଲିହେଇ
ମୋ ଆଖିକୁ କରିନିଏ ନିଜର,
ସ୍ୱପ୍ନ ପାଇଁ ଏତେ ରାତି କାଇଁ
ଭାବିଲା ବେଳକୁ
ସେ ବାସ୍ନା ଲାଗେ ରାତି ରଂଗର।

ମୁଁ ରାତି ଖୋଜି ଉଜାଗର
ଆଉ ତା ବାସ୍ନା ପ୍ରମାଣ ହେବାକୁ
ଫର୍ଦ୍ଦେ ପାହାନ୍ତିରେ
ପାଲଟେ ମୋହର ।

# ଦର୍ପଣ

ମୁଁ ସେବେଠୁ ଖୁସି
ଯୋଉଦିନ ଜାଣିଲି
ମୋର ବି ଆଖି ଅଛି।
ଆଖି ଭିତର ପୁଅଡୋଳା
ତୁମ ଭାବନାର ପ୍ରିଣ୍ଟଆଉଟ୍ କାଢି
ତୁମକୁ ଧରାଇ ପାରୁଚି।

ତୁମ ଦୀର୍ଘଶ୍ୱାସରୁ
ବଳ ଗୋଟାଉଥିବା ବେଳେ
ଛୋଟ ଗୋଟେ ସ୍ୱପ୍ନ
ମୁଁ ଜାଣିପାରେ ତୁମ ଚତୁରତାର
କୌଣସି ବି ଅଂଗରେ
କାହିଁକି ଲାଗିନି କଳଂକ।

ମିଛମାନଂକୁ କାନ ଧରାଇ
ତୁମେ ଉଠ୍‌ବସ୍ କଲାବେଳେ
ମାଟି ଆଡେ ନଇଁ ଆସେ
ତୁମ ଫଳଂତି ଡାଳ,
ଫଳସବୁ ଯେବେ ରହିଯାଂତି ଶୂନ୍ୟରେ
ତୁମ ଲୁହ ଆଖିରେ
ମୁଁ ପିନ୍ଧାଏ କଜ୍ଜଳ।

ଜାଣେ, ତୁମେ କେତେ ସରଳ
ପରୀକ୍ଷା ଦେବା ବେଳେ
କର୍ତ୍ତବ୍ୟନିଷ୍ଠ ସମୟ ପାଖରେ।
ମୁଁ ମୋ ଆଖିକୁ
ସେଲଫି ମୋଡକୁ ନେଇଆସେ
କାଳେ ତୁମ ହସ ବେଶି ସମୟ
ରହିବନି ହସ ହେଇ
ଚିତ୍ରଂକ ମୁହଁରେ।

ତୁମ ଖୁସିରୁ ଖସିପଡିଥିବା
କିଛି ମୁହୂର୍ତ୍ତକୁ ସାଇତି ଥାଏ ବୋଲି
ତୁମେ ମୋତେ ଭଲପାଅ,
ହେଲେ ସେ ମୁହୂର୍ତ୍ତରେ ଯେବେ
ମୁଁ ଗୁଂଥିଦିଏ ଆଉ କା' ଲୁହ
ତୁମେ ଚିଡିଯାଅ,
ଏଇ ଚିଡିବା ଓ ଭଲପାଇବାର
ମୁହଁ ଦେଖିବାକୁ
ଆମେ କିଂତୁ ଖୁବ୍ ଅଥୟ।

ବେଳେ ବେଳେ ଭାବେ
ତୁମେ ମୋତେ କାହିଁକି ଗଢିଲ ?
ଯଦିବା ଗଢିଲ
ମୁଁ ଭାଂଗିଯିବା ଆଗରୁ
କାହିଁକି ଭାଂଗିଗଲ !
ଯଦିବି ଭାଂଗିଗଲ
ତୁମ ଟୁକୁଡ଼ାସବୁକୁ
ମୋଠୁଁ ଲୁଚାଇ ରଖିବାକୁ
କେମିତି ଭାବିପାରିଲ ?

ସେଥିପାଇଁ କେବେକେବେ
ମୁଁ ଆଖି ବୁଜିଦିଏ
ତୁମ ଆଖି ଖୋଲାଥିବା ବେଳେ
ଅଂଧାରର ଏତେ ବେଶି ଉଜ୍ଜଳତା
ତୁମେ ଚମକି ଉଠୁଉଠୁ
ଆମର ଯେତେସବୁ ନୀରବତା
ତରଳିବା ଆରଂଭ କରେ ।

ପୂରା ତରଳିବା ଆଗରୁ
ତୁମର ଅନେକ ମୁହଁ ଛାପିଯାଏ
ତୁମେ ଧକ୍କା ଖାଇଥିବା
ପବନର ଖାଲିଥିବା ପୃଷ୍ଠାରେ,
ମୁଁ ଆଖି ଖୋଲିବା ପରେ
ଅବିକଳ ମୋ ଆଖିକୁ ଦେଖେ
ସେ ମୁହଁସବୁରେ ।

■

# ଲୁହ

ଦିନେ ଦେଖିବ
ମୁଁ ତୁମର ଆଉ
ନିଜର ହୋଇ ରହିବିନି,
ତୁମକୁ ଲାଗିବ
ନଷ୍ଟ ହୋଇଯାଇଚି
ମୋ ଉର୍ବରତା
ଯାହା ବଳରେ ଦିନେ
ମୁଁ ତୁମ ନୀରବତାରୁ
ଉପୁଜାଇ ପାରୁଥିଲି ପ୍ରତିଧ୍ୱନି।

ଦେଖ, ମୋ ପରି ସମସ୍ତେ
ଦିନେ ନିଶବ୍ଦ ହୋଇଯିବେ।
ପୁଣିଥରେ ଜନ୍ମିବାକୁ
ଚାହୁଁ ନଥିବା ନିପୁଣ ଦୁଃଖ,
ଚେପଟା ଥାଳ ବି।
କେହି ନଥିବା ବେଳେ
ଯେ ଆଖି ପାତି ରହିଥାଏ
କୋହର ସାରାଂଶ ହୋଇ।

ତୁମେ ଜାଣିଥିଲ ଏ କଥା
ଯୋଉଦିନ ସେ

ବେହେଡାଦାଂତିଆ ସମୟ
ତୁମ ପ୍ରେମକୁ ଦେଖେଇଥିଲା
ରଂଗଛଡା ହାରିକିଣି,
ଆଉ ତୁମେ ଦେଖି ପାରିଥିଲ
ହାରିକିଣି କାଚ ଭିତରେ
ମଲା ପତଂଗ
ପବନର ଛାତ ତଳେ ବସି
ମୋତେ ଆବାହନ କଲା କ୍ଷଣି।

ଜାଣିଛ, ସେଦିନଠୁଁ ତୁମର
କିଛି ଶଙ୍କ ଆଖିରେ
ସ୍ୱପ୍ନ ବୋଝେଇ ରାତିସବୁ
ଚେଇଁ ଶୋଇଚଂତି,
ତୁମ ସହ ସେଇ ରାତି
କେବଳ ଆତ୍ମୀୟ ହୋଇଚି
ଯାହାର ଡେଣାକୁ ଛୁଇଁପାରିନି
ଆଲୁଅର ଅଠାକାଠି।

ତୁମେ ଜଳିଗଲା ବେଳେ
ଢାଳେ ଶୀତଳତା ସହ
ତୁମକୁ ପରିଚିତ କରାଇଚି,
ତୁମେ ନିଭିଗଲା ବେଳେ
ତୁମ ଅଂଗାରର ଗୀତ ସହ
ସ୍ୱର ମିଳାଇଚି।
ତୁମକୁ ମିଳିଥିବା ଖୁସିର
ଦିନସବୁକୁ ଖୁଚୁରା କରି
ରାଗ, ରଷା, ଅଭିମାନକୁ
ବାଂଟି ଦେବାବେଳେ
କୁହ, ମୁଁ ସାଂଗରେ ନଥାଏ କି ?

ତଥାପି ତୁମର ମନେହେବ
ମୋ ଇଚ୍ଛାକୁ ସମ୍ମାନ ଦେବାପାଇଁ
ତୁମ ଜୀବନ ଯେମିତି
ପାଲଟିଯାଇଚି ଚାରଣଭୂଇଁ,
ତୁମ କୁନାକୁନି ସ୍ୱପ୍ନମାନେ
ପାଇନାହାଂତି ସୁଯୋଗ
କୃତି ପ୍ରତିଯୋଗୀ ହେବାପାଇଁ।

ଶେଷରେ ତୁମେ ମୋତେ ଭୁଲିଯିବ।
ଏଇ ଭୁଲିବାର ଅମରତ୍ୱ ଆଶାରେ
ତୁମ ପିଲାବେଲୁ ଆଜିଯାଏ
ମୋର କେତେ ଯେ ପ୍ରାର୍ଥନା
ତୁମକୁ କ'ଣ ଜଣାନାଇଁ !

■

## BLACK EAGLE BOOKS

www.blackeaglebooks.org
info@blackeaglebooks.org

Black Eagle Books, an independent publisher, was founded as a nonprofit organization in April, 2019. It is our mission to connect and engage the Indian diaspora and the world at large with the best of works of world literature published on a collaborative platform, with special emphasis on foregrounding Contemporary Classics and New Writing.

www.ingramcontent.com/pod-product-compliance
Lightning Source LLC
Chambersburg PA
CBHW020545080526
44583CB00013B/1004

*9 781645 602170 *